社科文库

成本研究

基于多学科视角

王荣昌 著

·广州·

图书在版编目（CIP）数据

成本研究：基于多学科视角/王荣昌著. -- 广州：华南理工大学出版社，2024.11. -- ISBN 978-7-5623-7827-3

Ⅰ.F014.3

中国国家版本馆 CIP 数据核字第 20246U5U58 号

CHENGBEN YANJIU——JIYU DUO XUEKE SHIJIAO

成本研究——基于多学科视角

王荣昌　著

出 版 人：房俊东
出版发行：华南理工大学出版社
　　　　　（广州五山华南理工大学 17 号楼，邮编 510640）
　　　　　http://hg.cb.scut.edu.cn　E-mail：scutc13@scut.edu.cn
　　　　　营销部电话：020-87113487　87111048（传真）
策划编辑：朱彩翙
责任编辑：朱彩翙
责任校对：伍佩轩
印 刷 者：广州小明数码印刷有限公司
开　　本：889mm×1194mm　1/32　印张：5.25　字数：135 千
版　　次：2024 年 11 月第 1 版　印次：2024 年 11 月第 1 次印刷
定　　价：49.00 元

版权所有　盗版必究　印装差错　负责调换

序

近日收到荣昌的又一本书稿，书名是《成本研究——基于多学科视角》，邀我作序，我欣然应允。

荣昌是我的学生，硕士投入我的门下，而后又读了博士，读博之时，就立下了研究的路径，那就是经济学与会计理论的结合，其博士论文做的是规范研究，写就《会计制序论》，算是继承了厦门大学会计系的相关理论传统。毕业之后，进入华南理工大学会计系，开始教研之路。

留在高校之后，荣昌笔耕不辍，一直致力于将经济学理论运用到会计的研究当中，其间发表过不少相关文章，同时开通了以自己名字命名的公众号，服务于教学与研究。2021年12月，我从厦门大学会计系荣休，荣昌在我的荣休仪式上发表感言，说他一直在进行经济学与会计学理论的交叉研究，已经有了不少的积累与研究心得，我于是鼓励荣昌尝试把所思所想写出来。不久以后荣昌就开始动笔写《会计解释》，并在公众号中进行了连载，得到读者的好评。

我带着欣喜的心情通读了荣昌的这本新著，发现荣昌的视野不但跳出会计学领域，深入到经济学领域，还从经济学领域转向管理学等领域。

"成本"一词，在很多学科都有提及，但是如此系统地对成本问题进行分析，据我所知，目前在国内还没有人尝试过，所以荣昌的这个尝试显然是值得鼓励的，这也使得本书具有较高的创新性。荣昌从经济学视角入手，结合经济学大师们的思想，对成本概念进行深入探讨，将成本概念从金钱代价拓展至交易费用，特别是制度费用以及租值消散，极大地拓宽了人们对成本的理解。在管理学领域紧紧抓住成本领先战略加以分析，并与经济学融合，极大地丰富了管理实践中的成本运用。在财务学领域则抓住了"资本成本"这个核心，给成本概念的运用插上了翅膀。而从会计学视角来看，传统领域更关注成本，不过，荣昌还是站在更高的层面，对此视角的成本进行了相应的提炼，有助于我们进行相应的成本决策。更值得一提的是，在创新视角，荣昌紧紧抓住互联网平台的免费现象进行深入分析，得到了一些非常有趣的结论。

总体来说，我觉得荣昌这本著作具有以下三个方面的价值：一是整合成本概念，将有助于人们系统地理解成本，这也会极大地拓宽人们（特别是企业管理者）对成本的理解与认识；二是在理论创新方面，本书通过案例分析与解读，获得相关成本分析的基础理论，同时，通过多学科交叉研究构建了有关成本的多层次理论体系；三是从学术价值的角度来看，荣昌的研究对成本形成了立体化的认识，有助于后来者对成本从更深和更广的角度进行深入的研究和思考。

读者通过此书可以更为全面与深入地了解成本。如果想对成本问题进行深入理解与掌握，我相信此书一定会让读者开阔视野，并有所收获。

祝贺荣昌，也希望荣昌能沿着自己的学术道路继续耕耘下去，取得更大的成就。

是为序。

陈少华

厦门大学会计系教授、博导

2024 年 2 月 4 日立春于厦门

前　言

成本是一个值得深入探讨的概念。对成本的研究散见于不同的学科，缺少系统性的分析。本书撰写的目的就是对成本进行系统的分析，以便人们能更全面地理解成本。

本书从多学科视角分析成本问题，包括经济学、管理学、财务学、会计学与创新五大视角。具体来说，基于经济学在人文社会科学当中的基础地位，从经济学视角分析成本是非常理想的；同时，因为经济学理论本身已经从新古典经济学演进到新制度经济学，经济学中的成本概念也得到了相应的拓展，从一般的代价延伸到交易费用、制度费用等。从管理学视角看，管理学不仅在战略上立起了成本领先战略这面大旗，还在降本增效以及流程管理中积极探索成本降低之道。财务学离不开经济学，但其着重于资本以及利息的把握与理解，且在财务学领域建立了资本成本这一概念，使得成本分析得以立于资本层面。从会计学视角看成本，是传统看成本的视角。"成本会计"课程关注具体历史成本的分配与计算，基于成本分析的成本决策也形成诸多思路与方法，还出现了本量利分析这一基础分析工具，同时在理念上又出现了作业成本法这一独特的成本分摊方法。创新视角下最大的成本问题是：在免费的情况下成本如何收回。免费是众多平台型互联网公司获取用户的利器，但是这些公司如何建立盈利模式以弥补成本，我们将在创新视角中进行详细分析。

本书的形成除了我讲授"成本管理与控制"这门课之外，还有一个很重要的原因是，虽然从本科到硕士再到博士，我学了九年的会计，但是我一直喜欢经济学，同时也喜欢钻研经济学理论，因此打下了较为深厚的经济学基础；同时，会计系一般设在工商管理学院，会计与管理，向来联系紧密；会计与财务不分家，学会计的一般都需要精通财务。这些都为我撰写这部著作奠定了坚实的基础，也促使我对这门课程进行改革。

本书虽然面向非财会专业的学生，但是财会专业的本科生以及研究生，如果能读懂本书，将对成本能有更为深入的理解。因此，本书对于希望更透彻理解成本的人来说，应该是大有裨益的。

本书的出版得到了华南理工大学基本科研业务费项目（社会科学类）出版资助项目（项目号 C2230250）的资助。同时，在出版过程中，得到了华南理工大学出版社的大力支持，在此一并表示深深的谢意。

最后，感谢我的恩师陈少华教授拨冗作序，并提出宝贵的修改意见；感谢我的家人背后的支持，并把此书献给他们。

王荣昌
2024 年 4 月于华园

目 录

第一章 从经济学视角看成本 ………………………… 1
    第一节 为什么要从经济学视角看成本 ………… 1
    第二节 科斯看成本 ……………………………… 3
    第三节 经济学的成本概念范畴 ………………… 12

第二章 从管理学视角看成本 ………………………… 40
    第一节 管理的概念 ……………………………… 40
    第二节 管理学中的成本 ………………………… 48

第三章 从财务学视角看成本 ………………………… 55
    第一节 利息 ……………………………………… 56
    第二节 资本成本 ………………………………… 64
    第三节 风险与信息费用 ………………………… 68
    第四节 杠杆效应与财务杠杆 …………………… 76
    第五节 投资的解释 ……………………………… 81

第四章 从会计学视角看成本 ………………………… 90
    第一节 成本会计 ………………………………… 90
    第二节 成本核算 ………………………………… 91
    第三节 本量利分析 ……………………………… 95
    第四节 成本决策 ………………………………… 101

第五节　作业成本法 ………………………………………… 113

第五章　从创新视角看成本 ……………………………………… 122
　　第一节　创新 ………………………………………………… 122
　　第二节　工商管理的窘境 …………………………………… 127
　　第三节　互联网思维 ………………………………………… 131
　　第四节　商业模式 …………………………………………… 138
　　第五节　免费 ………………………………………………… 144

第六章　研究结论与展望 ………………………………………… 152

参考文献 …………………………………………………………… 156

第一章 从经济学视角看成本

本章分为三节，第一节是"为什么要从经济学视角看成本"，顺带回顾一下经济学这门学科及其发展史。第二节是"科斯看成本"。第三节是"经济学的成本概念范畴"。

第一节 为什么要从经济学视角看成本

在解决"为什么要从经济学视角看成本"这个问题之前，我们首先来了解什么是经济学。自萨缪尔森的《经济学》教材出版以来，学者们都将经济学定义为一门关于资源配置的学科。经济学分为宏观经济学与微观经济学，前者着重于研究收入分配，后者则是研究资源使用。一般来说，经济学发展大致经历了古典经济学、新古典经济学与新制度经济学三个阶段。新制度经济学以科斯发表的《社会成本问题》作为重要标志，是经济学发展的最新阶段。新制度经济学永远都是从局限（包括制度局限）转变的角度来看世界以及人的行为，这样所有的人类行为都可以纳入经济学的视野，经济学变成了人类行为解释学。

为什么会这样？因为经济学的精神内核是价格理论，而价格理论的灵魂是需求定律。经济学假设人是理性的，沿着这条假设，需求定律就成了我们在分析人类行为时的内在逻辑。其整体框架将在本章第三节详细展开。

从经济思想史的演进来看，经济学的鼻祖是亚当·斯密（以下简称"斯密"）。斯密在 1776 年出版《国富论》（全名《国民财富的性质和原因的研究》），这本书主要探讨国民财富的本质和形成原因。全书涉及经济学的所有基本问题，除了合约的分析以及缺乏交易费用的分析，这本巨著基本上将财富增长的密码解开，其对分工的理解更是无与伦比，同时其对市场经济创造财富的理解，揭示了西方资本主义国家富足的原因。

斯密的著作《国富论》成为经济学的开山之作，是经济学思想的起点，斯密本人也成为 18 世纪最伟大的经济学大师。其后，经济学大师马歇尔撰写了《经济学原理》，将斯密的思想继承下来，并将其内容整合进自己的著作之中，建立了一个完整而又层次分明的经济学框架，也是第一个完整的经济学框架。

此外，经济学还可以分为黑板经济学和真实世界经济学。前者以萨缪尔森、曼昆为代表，后者以科斯、阿尔钦为代表。前者称为学院派，后者称为实践派。学院派善用数学，在效用假设的基础上，建立诸多的模型，往往还辅以数学公式推导。实践派则更加重视真实世界，将理论建立在对真实世界深入观察的基础上。

从斯密以来，经济学者基本上都是坚持实际导向，斯密的名著《国富论》从一个观察到的现象——一家效率提升几千倍的制针工厂起笔，正是从这个夸张的现象出发展开分析，进而把分工规律阐述得很清晰。所以，其实从斯密到马歇尔，再从马歇尔到科斯、阿尔钦、弗里德曼，无不是遵从真实世界经济学的路径，从真实的人类行为出发，将经济学变成了所有社会科学的底座，成为可以解释一切人类行为的学问。正是有了这个基础，经济学成为社会科学之母，成为社会学科"皇冠上的明珠"。

从经济学视角来看成本，是基于经济学本身作为社会科学之母，也是基于人类行为都可以用经济学来加以解释这一现象展开研究的。也就是，只要是人，其行为就要受到客观条件的约束，这个约束主要是成本，其表现形式可以是时间、金钱、精力等。所以，离开经济学看成本，是无法真正解决成本问题的。

第二节　科斯看成本

一、科斯是何人

科斯是何人？科斯是经济思想史上最伟大的学者之一。科斯的文章与思想曾在国内传播，对中国轰轰烈烈的改革开放起到了思想启蒙作用。

科斯生于1910年，逝于2013年。在其生命最后几年，科斯一直想来中国，可惜没有成行。科斯没有亲眼看到中国大地的巨大变化，是一件颇为遗憾的事情。从思想传承的角度来看，科斯继承了马歇尔，但又在交易费用和产权方面有自己独到的见解。

科斯一生写的文章不多，主要著作有三篇：《企业的本质》(*The Nature of the Firm*)、《社会成本问题》(*The Problem of Social Cost*) 和《联邦通信委员会》(*The Federal Communication Committee*)。不过这三篇文章中的前两篇都是开创性的，诺贝尔经济学奖在1991年颁给科斯时，就提到了这两篇文章的贡献，其中《企业的本质》是第一篇以交易费用为研究主题的文章，是交易费用经济学的开山之作；而《社会成本问题》则是整个新制度经济学的扛鼎之作，在经济学界和法学界引起巨大的反响，也算是法律经济学的开山之作。按照瑞典皇家科学院的公告，1991

年诺贝尔经济学奖的获得者罗纳德·哈里·科斯的主要学术贡献在于揭示了"交易价值"在经济组织结构的产权和功能中的重要性。他的杰出贡献是发现并阐明了交易费用和产权在经济组织、制度结构中的重要性以及在经济活动中的作用。

不过,让科斯在经济学界成名的,不是因为 1937 年发表的《企业的本质》,而是 1959 年发表的《联邦通信委员会》,科斯写完这篇文章后,将其投到 The Journal of Law and Economics (《法与经济学杂志》)。该杂志的主编戴维德慧眼识珠,意识到这可能是一篇极其重要的文章,准备将其发表,不过他在将此篇文章发给当时芝加哥大学经济系的几位著名经济学者审阅时,有人建议删掉其中的一段,戴维德将此意见转给科斯,科斯坚持不改,认为自己没错。科斯坚持真理的勇气令人佩服,如果那一段被删掉,恐怕会是经济思想史上的一大损失,因为在那一段中,科斯通过分析一些事例,写下那句著名的话"权利的清晰界定是交易的先决条件"。这句话后来被认为是科斯定律的第一版本。

戴维德于是说,如果你不同意修改,那就来芝加哥大学做个报告吧。科斯说,做报告就不必了,可以请那几位不同意论文观点的经济学者一起坐下来辩论。

于是时间来到了 1959 年某一天的晚上,这场注定要载入史册的辩论就在戴维德的家中开场了,这恐怕是经济思想史上最伟大的辩论。

当晚参加辩论的有十名经济学家,其中芝加哥大学教授弗里德曼和研究劳动经济学的刘易斯,都是当时有名的经济学大师,这可算得上是当时的顶级经济学辩论团队了。当时的辩论成员中有五人后来获得了诺贝尔经济学奖。辩论开始,有学者先对科斯文章中的话提出质疑,科斯反驳,坚持自己的观点。辩论到一半，弗里德曼站起来，以更加简明的方式来阐述科斯被质疑的观点，最后其他九人都意识到自己错了，科斯胜出。这场辩论被称为经济思想史上的"十君子之辩"。辩论后，当时一位针对科斯学说反对最为强烈的学者曾经对人说了这样的话："我们可能要追溯到亚当·斯密才可以找到一个经济学思想如此深邃的人。"而第二天，正在伦敦大学政治经济学院访问的芝加哥大学经济系元老之一约翰逊，特地打电报给芝加哥大学经济系，电报里写道："听说一个伦敦大学政治经济学院的毕业生发现了经济学新大陆。"

科斯看到弗里德曼站在自己这一边，就知道自己高枕无忧了，回自己大学后就开始着手写下一篇论文，就是1961年刊出的《社会成本问题》。所以，有学者认为，科斯最重要的文章其实不是科斯诺贝尔奖颁奖词中提到的两篇，而是1959年刊出的《联邦通信委员会》。因为如果没有这篇论文，就不会有"十君子之辩"，而如果没有"十君子之辩"，科斯后面的这篇文章有可能不会写出来。

科斯学说虽然在中国曾起到了经济思想启蒙作用，但是其在《联邦通信委员会》中的理论到现在还有人难以接受，可见传统观念的束缚以及价值观的影响之大，坚持正确的经济学思想是多么不容易。

在《联邦通信委员会》中，科斯指出工厂污染环境、牙医工作时的噪声影响了邻居，以及高楼挡住了旁边矮房子的阳光等引发的争端问题，归结为都是因为权利没有界定清楚，所以要解决这些问题，关键在于把权利界定清楚。权利界定清楚了，作为受到相互影响的双方可以自己签约解决，根本不需要别人特别是政府的干预或参与。但是到现在，恐怕还有不少人认为第一个问题，应该是政府禁止工厂污染，或者对产生污染的工厂收税。这样的想法显然并没有考虑污染本身就需要进行权利界定。

二、科斯的思想贡献

曾经有人说过，如果评选自经济学诞生以来最伟大的经济学家，可能18世纪所有的经济学者都会把票投给斯密；而19世纪的经济学家，可能有超过一半会把票投给马歇尔；而20世纪的经济学家的投票就会非常分散，投科斯的票数应该会是第一，但可能不会超过20%，因为费雪、弗里德曼、凯恩斯、萨缪尔森、阿尔钦也会获得不少的票数。不过这已经足见科斯的伟大。科斯的伟大是在"十君子之辩"确立的，与九位当时最伟大的经济学者辩论获胜，这份伟业是罕见的。科斯基本上是以一己之力改变了整个经济学的发展进程。1937年写成的《企业的本质》是科斯刚出道时的习作，是科斯在旁听弗兰克·奈特课程后，不同意其关于企业的分析而写就的反驳之作。写完这篇文章时，科斯才24岁，三年之后这篇文章才发表在英国的《经济学人》杂志上。发表之后基本上反响平平，并没有引发什么讨论。在科斯重磅作品《社会成本问题》发表之后，人们才开始关注科斯的文章，发现科斯多年前发表的《企业的本质》是具有开拓性的创新作品。

《企业的本质》这篇文章最重要的贡献之一是提出了"企业为什么存在？"这一问题。这个问题耐克公司董事长兼总裁弗兰克·奈特在其课堂上也曾提出过，奈特因此写出了《不确定性、风险与利润》这本传世著作，认为企业的存在是为了解决风险问题。科斯在论文中的提问方式与众不同：企业作为一个科层组织，为什么会取代市场呢？因为理论上人们都可以是独立产出者，将所生产的东西对外出售，通过这种单干的方式再利用市场，就可以实现资源配置，那为什么还要有企业这一配置资源的方式呢？科斯的回答是不知价。初看起来，这似乎是循环论证，但其实不是。因为不知价还可以用别的方式来进行资源配置，如通过政府来配置，不一定需要企业。不过政府本身可以看成是一个科层组织，但政府不能称为企业。

科斯在分析为什么存在企业的过程中产生的另一个贡献是，他提出了一个后来被称为新制度经济学基础的概念——交易费用。《企业的本质》这篇文章最早以交易费用作为研究对象，是开创性的，但其提出的交易费用，其实并不恰当，因为这个费用并不一定只是在交易过程中才会发生的。关于交易费用这一概念，我们后面会详细探讨。

科斯在经济思想史上的最大贡献，当属科斯定律，能以名字命名定律，可见其影响力了。科斯定律是有三个版本的，各版本对应着如下三方面内容：

（1）权利界定是市场交易的先决条件。

（2）有明确的权利界定，在市场交易下资产的使用会带来最高的资产价值。这里又分成两种情况，一是权利界定的交易费用低，因此明确界定了权利；二是权利界定的交易费用高，因此没有明确界定权利。

（3）权利只要明确地界定为私有产权，不管最初界定给谁，在交易费用为零的条件下，市场交易的结果最后都是一样的（市场的相对价格不变，不管产权属于谁，只要交易费用不变，市场交易的结果就不会变）。交易费用为零这个假设在现实世界中很难满足，所以很多人认为第三个版本的科斯定律是很难应用的，不过如果将其改为交易费用不变，则其适用范围就更广。

科斯定律的第一个版本出现在《联邦通信委员会》这篇论文中，是该论文中最为重要的一句话。而后面两个版本出现在《社会成本问题》这篇论文中。

在笔者看来，第一个版本的科斯定律其实是对权利界定重要性的认识，即其是交易的前提；第二个版本则是对权利界定作用的认识，即可以在市场交易下带来最高资产价值；第三个版本被称为不变性原理，是一般人认为科斯定律之所以能称为定律的版本，认为只要交易费用为零或者没有变化，市场交易的结果都是一样的。这三个版本有层层递进的意思，不过这个世界显然不是一个交易费用为零的世界，而是建立制度也需要花费成本的世界，所以产权界定本身就很重要。

所以，科斯最为重要的贡献是将权利界定放在经济学中重要甚至最为重要的位置上。因此科斯也是产权经济学的创始人之一。

科斯向来不管经济学界其他人到底在干什么，那时候如火如荼在探讨的外部性理论问题，在科斯的《社会成本问题》面世之后，基本上都变成了伪问题，外部性问题本身也在权利界定的框架下得到了完美的解决。

三、科斯谈成本

科斯有着天生的经济学直觉，他与其他学者讨论经济问题时，往往会先以直觉给出答案，然后考虑如何去验证这个答案。他经常以马铃薯作为例子进行分析，并且以成本作为一个基本因素来考虑任何事件与问题。科斯具有天生的成本思维意识。

科斯对于成本的最大贡献是，将交易费用纳入到经济分析中，并将交易费用看作是一项重要的成本。首先来看一下科斯在《企业的性质》中对于交易费用的论述。

在这篇文章中，科斯使用了交易费用的概念，交易费用指使用市场机制有费用，尤其是厘定市价有费用，也即市价的形成并不是没有成本，这一点在科斯的文章发表之前，少有人关注。经济学者也普遍将市场看成是天经地义之事，似乎不用花什么代价就会出现市场。当厘定市价有费用，甚至是极高的费用时，市场交易就无法达成，市价作为竞争准则就无法实现。科斯于是认为此时企业就出现了。当然，科斯真正更多地使用交易费用是在《社会成本问题》一文中。

科斯的《社会成本问题》，从论文题目就看得出这篇文章探讨的主题是社会成本。科斯写这篇文章，主要是将产权界定问题探讨得更为深入与清楚，以解决社会成本与私人成本的分离问题。科斯发现，社会中大量的所谓市场失灵的现象，其实并不是真的市场失灵，而是权利没有界定清楚。而针对私人成本与社会成本分离的问题，传统的政府处理方式是采取征税或补贴政策，这就是不清楚问题的根本，没有找出真正的病因，因而根本无法对症下药。政府的首要职能是界定产权，其中最为重要的是完善法律制度，而不是采取一些行政或者财政手段来干预经济事务。而社会成本与私人成本之所以产生分离，往往是忽略交易费用产生的错觉。

从以上分析可知，科斯谈成本，其实是一个广义的成本，不是花掉什么的概念，而是包含交易费用的广义的成本。在科斯的思想中，解决社会成本与私人成本的分离问题，不应该完全通过政府，关键在于将产权界定清楚，不管产权界定给谁，只要界定了，通过市场的运作或者风俗、礼仪、惯例的处理，都可以解决这个分离问题。

四、经济学视角下的企业

前面主要研究了科斯的生平，讨论了科斯所撰写的几篇重磅文章，其中一个重要的研究对象就是企业。在科斯以前，不管是经济学者，还是普通人，都只是把企业看成是一个生产组织，把企业看成是一个黑箱，投入资源后，会产出结果。这个投入产出会产生增值。

从表象来看，投资大师眼中的企业就是一个能产生复利的实体，会计师眼中的企业是一个营利组织，企业家眼中的企业则是一个科层组织，一般的经济学者把企业看成是一个生产组织，更具思想性的经济学者看到的企业是什么呢？这正是本节要探讨的内容。

以上所列举的众多人士对于企业的看法，其实都是从一个侧面或者是从极为浅显的层面来看待企业，科斯却从中看出企业的本质。

科斯问："为什么一个生产要素的拥有者会选择让一只看得见的手来指导？"也就是说，一个人如果可以通过自由职业养活自己，为什么要加入一个公司，受公司科层组织的领导呢？或者说，为什么选择放弃由市场价格引导的无形之手，而让一个经理人的有形之手指导呢？科斯在论文中给出的答案是因为交易费用的存在，市场于是不知价，以公司替代市场可以降低交易费用。

不过，科斯的阐述有循环论证的味道，因为不知价，当然就不能用市场了，如果把公司与市场都看成是资源配置的手段，那么公司替代市场是因为公司这种配置资源的手段更有效率吗？那为什么现实中还是把市场作为配置资源的基础性手段呢？

如果知道市场价格，市价就成了引导资源配置的基础。从底层逻辑来看，企业的经营离不开市场，也即企业经营者要经得起市场的考验，如果经不起考验就要被市场中的其他竞争对手淘汰，最终一定是能给用户或顾客创造更多价值的公司胜出。用户或顾客的价值由性价比体现，即消费者都希望以更便宜的价格买到质量更好的产品或者服务。

不过，如果一个企业所有的活动都可以用"件工"① 方式来进行处理，那么这样的企业其实就是一个个人的组合体，其与市场并无二致，也即可以把这种"件工"看成是立于市场与企业的中间体，这是企业无边界说法的来源。确实如此，如果一个产品的每一个零件都可以用个体生产的方式进行加工，对于每一个零件都可以找到市价，那么企业并不一定需要存在。所有的个体生产都可以用市场来解决。所以，科斯说不知价是企业存在的原因，这并不是循环论证，而是的确深入到了企业存在的本质。

其价几何？一定要放到市场之中，由交易双方协商而成，当时之价正是交易双方根据即时信息协商一致的结果，若是没有强迫交易，此价便是公允的。什么决定价格与价格决定什么是两种思维，一般认为前者更为重要，但是阿尔钦倒转问题，认为价格决定什么更为重要，问出了产权的重要性。

价格作为竞争准则，是价高者得，从供应一端来说，提供产品或服务的企业当然希望能卖出好价格，但是其也要考虑需求端，考虑到需求者所能出到的最高价，若是企业提供的产品或服务质不配价，迟早会在市场的竞争中败下阵来。

企业，作为市场中提供产品与服务的主体之一，因为持续盈利，其生意往往长久。这个世界的资源总是有限的，所以有限的资源总是涌向收益率高的场所，在竞争的局限下，最终超额收益很难维持，一般只能获得平均回报。而在货币泛滥的情形下，收益率更是连连下跌，难以为继。所以在哪里能获得超额收益，资本必将持续不断地涌入，而能构筑护城河的企业可以阻断竞争，使其获得超额回报，这样的企业我们称之为具有垄断优势的企业，其护城河越宽意味着其垄断优势越大。如果这个企业所处的

---

① 这是经济学当中一个基本用语，比如常说的计件工资。

行业是持续增长且不会消亡,那么这个企业就具有长期价值不断增长的可能性,就是一家值得长期持有的、具有价值投资标的的企业,是投资家巴菲特眼中的成长型卓越企业。

企业的本质是什么?科斯认为企业本质上是对市场的替代,但这显然还是有循环论证的成分在其中。其背后的本质究竟是什么,需要进一步深入探讨,我们将在下一节继续探讨。

五、小结

本节从经济学大师科斯的角度谈成本。科斯可能不是第一个用上交易费用这个词的人,但是他一定是最为深入地运用这个概念来分析经济问题的人之一。科斯善于从成本出发分析问题,而这正是科斯对企业本质的发问,问出一个经济学研究的主题,前前后后有众多的经济学者在企业的本质这个问题上耕耘,但最终还是科斯的回答更为深刻。

第三节 经济学的成本概念范畴[①]

这一节是本书最为重要的一节,原因在于两个方面:一是从经济学视角看成本,把成本看成是一个重要的范畴;二是从经济学视角看成本,是对成本研究最为关键和重要的一部分。

本节分为三部分:第一部分简要介绍经济解释框架,第二部分分析合约概念,第三部分是企业变革的成本考量。

---

① 本节内容参考:张五常. 经济解释[M]. 北京:中信出版社,2015:335-344.

一、经济解释框架

之所以把经济解释的整体框架搬出来,是完整性的需要。不过基于这本书的主题,我们的重点当然是在成本概念上,将在本节第三部分详细加以探讨。

(一) 三个范畴

经济解释有三个范畴,包括需求定律、成本概念与竞争局限。不过在我看来其实就是一个核心两个考虑点,这三者的地位其实是不一样的。需求定律是核心,应该说,整个经济解释最为核心的部分即是需求定律,需求定律可以用需求曲线来表示,人的行为都要符合向下倾斜的需求曲线。这正是经济学解释人类行为的根基。

成本概念本身是一个运用需求定律的组成部分,在我看来,因为重要,我们才将其作为一个范畴来讨论,但是从层次来说,这实在不应该作为一个独立范畴,只应该作为一个概念基础。因为从最简单的层面看需求定律,不外乎是代价增加,需求量下降;代价减少,需求量上升。其中的代价即是成本,所以如果成本概念成为一个范畴,需求量也应该成为一个范畴。至于竞争局限,只不过是要求我们在应用需求定律时,要考虑局限条件,而运用需求定律时,要考虑的最为关键的局限条件就是竞争,所以我们将其称为竞争局限。

有了成本概念与竞争局限作为支持,需求定律的运用就有了根基,而一条需求曲线就成为解释一切经济现象的基础。碰到一个经济现象,我们要考虑的是将其成本结构弄清楚,然后搞清楚竞争局限,接着再用需求定律,只要能比较出成本(包括交易费用、制度费用)的高低,需求定律就有了用场,对于一个现象解释的假说就可以提出来，进行关键验证之后，一个理论就建立起来了。

"人性是自私的"假设背后，其实是对人性的深入思考。虽然人性自私，但是有学者认为自私是基因遗传，有学者认为自私是竞争约束下的结果，有学者认为自私就是一个假设。经济学恰恰是建立在自私假设基础上的学问。当然，需求定律的采用，意味着自私的假设内含其中。代价越高，需求量反而越大，而代价越低，需求量反而越小，这就违背了人性是自私的假设。

(二) 经济规律与经营逻辑

经济规律较大，经营逻辑较小。在我看来，二者的背后其实是一个理论框架与结构，都以资本为基础。资本即是会生钱的钱，前一个钱，即是利息。资本即是钱，也即货币，但是不是所有的货币都可以称为资本呢？答案是否定的。根据资本的定义，如果钱不生息，就不构成资本。

流动性与收益性天然相对，流动性好，收益性就会较差，而纯粹拿在手上的现金，流动性最好，但是没有收益。所以要形成资本，需要将钱投入资产之中，资产若有价，便可以抵押、质押以换钱，就可以实现资本化，企业的经营便有了基本的保障。因此，资本，即是连接经济规律与经营逻辑的桥梁所在。

先从企业说起，一家企业要初创、成长与可持续发展，离不开资本的支持，企业的资本需要股东的投入，作为公司制企业最初资金提供者的股东，最大损失是其投入到这家公司的全部本金血本无归，但因为是有限责任，即使这部分钱血本无归，也不影响他的其他财产，这也是为什么要分散投资的原因。不过，如果这家公司获得长足的发展，股东的最初资本投入将不断地增值。

科斯的思想，将产权界定放到重要的位置上。这背后的基本原理是：产权界定清楚，才会有交易，交易才能形成市场，有市场才有市价，而市价是唯一不会带来租值消散的竞争准则，市价作为资源配置的基础性准则，带来了巨大的财富增长，经济也就增长了。这就是经济规律的基本体现，价高者得，人人都为追求财富而竞争，整个社会的财富于是增加，人民生活水平提升。

经济规律的意义在于，如果违背经济规律，就必然会受到经济规律的惩罚。我们曾经搞过较长时间的计划经济，在此体制下，产权无从界定，无法利用市场，没有交易，没有市价指引，信息费用高昂，财富创造根本无法展开。

改革开放之后，竞争准则一变，人的行为大变。让一部分人先富裕起来，蕴藏着深刻的智慧，市场经济于是大行其道，人民的生活水平蒸蒸日上。改革开放以来，经济体制改革的基本方向是市场化改革。当然市场只是配置资源的一种方式而已，自科斯1937年发表《企业的本质》一文以来，人们对企业的认识有了长足的进步，企业的黑箱逐渐被打开，科斯说企业是对市场的替代，是资源配置方式不同，但是仅仅如此说，有循环论证之嫌。企业对市场的替代，只不过是一个合约替代，背后的不同只是合约的不同。企业作为一种资源配置的手段，为什么还会存在？由前面可知科斯的答案是不知价，或者说有时候知价的信息费用太高，以至于用不起价格准则，这时候转向企业，由企业家进行资源配置，于是问题就解决了。不过由企业家配置资源，也有一个效率的考量，如果难以实现资源的有效配置，其实背后就是资本利用的效率，其收益率不高，就无法与其他企业竞争，最终在市场竞争中落败，股东的资本就会发生损失。

企业经营逻辑的背后，其实是合约安排上的优胜比较，更为优胜的合约安排，将更好地配置企业所能运用的资源，进而产生更高的股东回报率,即更高的资本报酬率或利息率。公司就会获得股票市场上的溢价,其股价也必然会节节攀升,其市值增加也就成为必然。

所谓经营逻辑,即是更好的合约安排逻辑。企业家作为企业资源配置的主官,需要制定好规则,即做好合约安排,这些合约安排包括企业内部的,也包括与外界联系的,前者如薪酬激励合约安排,后者如渠道合约安排。薪酬激励合约安排要与企业所能创造的现金流挂钩,即要形成激励相容的局面,员工的利益最大化,与企业的财富最大化相吻合。

经济规律在企业中的映射即是经营逻辑,经营逻辑的主要构成是合约安排,合约安排合理与否的评价标准在于,是不是能实现企业价值最大化,即股东财富最大化。因为股东是企业最后的风险承担者,只要能实现股东财富最大化,其他利益相关者的利益就已经得到保证。遵循经济规律是一个经济体有活力的基本保证,而这一点往往是对政府来说的,因为政府往往会动用手中的权力对经济运行进行干预,经济运行的背后是市价可以起到基础性配置的作用,但是如果政府这只有为之手,插手的事务过多,就可能违背经济规律,最终受到经济规律的惩罚。

对企业来说,如果企业家不遵循基本的经营逻辑,胡乱作为,最终的结果必然是企业破产、个人破产,财富流散。在企业的经营逻辑中,有一条有关杠杆的铁律,杠杆加得越多越大,在顺利周期内财富快速增加,但是一旦转势,就会陷入资不抵债的境地,而这背后最为关键的原因是,借了利率过高的贷款。如果其投入的项目周期长,或者收益率无法超过高昂的借款利率,最终的结果必然是企业资金流动性危机出现,导致企业崩塌。

企业的经营逻辑背后有着经济规律的影子,或者可以认为经营逻辑是经济规律的微观表达。其背后都是基于人性的考虑,是基于人性自私的假设考虑，是在分析与解决问题的过程中充分考虑所面临的条件与局限，一切从实际出发，而不是从本本出发，要考虑现实的条件，考虑现实局限，强调需求定律的运用，一切行为以需求定律为依归，价升量缩，价降量增，无一例外。不管分析也好，实践也罢，一切的一切，都是围绕着经济学的灵魂——需求定律，由此只有遵循这一定律，企业经营才会有好的结果，经济运行才能真正实现良好循环。

不管是经济规律，还是经营逻辑，其背后都是需求定律的运用，是基于人性的深入思考。而要恰当地运用需求定律，则需要对需求定律中的代价（成本）进行详细的分析。

(三) 成本概念详细阐述

何为成本？在西方语境中，用的英文单词是明确的，即"cost"，但是要译成中文，却有点困难，困难在于如果都译成"成本"，有时候意思可能会发生偏差，难以表达清楚这个词背后真正的含义。所以我们有时用"成本"，有时用"代价"，有时用"费用"或者是"耗费"。在我看来，之所以会出现这样的困难，是因为不同学科的成本概念是不一样的，这正是本书想要探讨解决的问题。这里我们先来讨论经济学中的成本概念。

1. 成本的定义

在经济学中，成本有一个简单的定义，即无可避免的最高代价。从这个定义中，我们可以看出经济学中的成本一定是机会成本，在分析时，我们用机会成本进行分析，可能会更加明晰一些。

一般来说，经济学中的成本都是机会成本，所以"机会"二字可以略去，这里顺便说下历史成本，历史成本即是已经花去的代价。"历史成本不是成本"，这句话是我们学习经济学必须牢牢记住的。其所要表达的其实是指历史成本不是机会成本，也即历史成本不是经济学所定义的成本。因为机会成本是做决策之前预判所产生的成本，即是选择了A方案而没有选择B方案的代价。如果我们只能二选一，那么A方案的机会成本，即是B方案所能带来的收益；而B方案的机会成本，则是A方案所能带来的收益。此时，我们选择成本最低的方案和选择收益最高的方案，最终得到的结果是一样的，只是选择的依据和角度不同。从机会成本的角度做选择，是一个更为独特的角度。

成本是代价，而且是无可避免的。机会成本不是已经花了的代价，而是一旦选择做某事就一定会发生的代价。比如我们时间有限，在这个时间段里做了这件事，就无法做另外一件事，这也有机会成本。成本一定是无可避免的，如果可以避免发生，就不是成本。比如三个方案A、B、C，如果选择了A就不能选B，但是还可以兼顾C，C方案的收益就不是成本，因为我们选择了A，可以获得A方案的收益，也不影响我们继续得到C方案的收益。因此C方案就不是无可避免的代价。

进一步地，我们要注意这个定义中有一个"最高"，也即成本是最高代价，若非最高，就不是成本。还是上面这个例子，A、B、C方案，只能三选一，A方案的收益是1万元，B方案的收益是2万元，C方案的收益是3万元，此时A方案与B方案的成本都是3万元，即是C方案的收益，而C方案的成本则是2万元。从成本最小化准则来看，我们当然要选择C方案，因为其成本最小。

2. 成本概念的拓展

成本这个词从"cost"翻译而来，其实不太恰当，因为成本是"成了本了"，就意味着钱已经付出去了，往往会转到历史成本那边去。历史成本又可以称为沉没成本，既然已经沉没了，其对现在与未来的决策就没有影响了。不过奇怪的是,人们总会记得这已经花了的钱,就像不少人会记得当初是花了多少钱买了股票,买进后如果被套住往往就持有不动了,然后回本了就选择卖出。

需求定律中的自变量往往都会简单地被处理成市价,其实将其换成代价,需求定律适用的范围就拓宽了。若是只以市价作为代价,意味着只有能用货币计量的代价才可以作为需求量的自变量,这样需求定律就只能用于分析市场交易中发生的现象。但是如果我们将需求定律中的成本换成代价,则交易费用、制度费用、社会费用都可以作为自变量,进而运用需求定律进行分析。

科斯将经济现象延伸到交易费用,而新制度经济学更是将交易费用的概念进行了拓展,使履约费用、监督费用、信息费用等都可以看成是交易费用。

更进一步,我们将租值消散也看成交易费用的一部分,进而将市场与非市场的安排都变成可以分析的对象。背后的逻辑是这样的:市价决定什么的思维,是阿尔钦的思想,市价是唯一不会带来租值消散的竞争准则,但是市价形成的背后需要有产权制度这套安排,而这套制度安排是需要花费成本的,因而市价的形成如果太昂贵了,那么非价格竞争准则就会出现。市价竞争准则虽然不会带来租值消散,但是如果市价竞争准则形成背后的制度费用太高,高到无法用可以不消散的租值来弥补,市价就无法采用。比如在中国计划经济时代,因为私产被取消了,市场交易背后的产权保护制度缺失,于是出现非市场的竞争准则,也即按计划配给。这样来看,不会消散的租值与建立市场制度的费用之间就有一个平衡点。若是建立市场的制度费用高于租值,市价竞争准则不会出现;若是建立市场的制度费用低于租值,市价竞争准则会出现。从这个角度看,租值消散本身也可以看成是广义交易费用的一种。

这样，在经济解释体系中，成本就不仅仅是指金钱的市价，还包括非金钱的代价。成本不仅仅指狭义的交易费用，如市场交易中发生的履约费用，也包括广义的交易费用，如非市场交易中需要考虑的监督费用、信息费用以及租值消散。

3. 成本的原则

成本是因选择而起，因此，没有选择则没有成本。有选择，有几个选择，这些都是需要考虑的。但是在这个世界上，没有选择的事情很少，这就意味着成本无处不在，我们需要时不时地考虑如何做出选择，做出选择即是做出决策，决策的依据即是选择成本最小的或者收益最大的。

成本是无可避免的最高代价，因此，最高代价如果不变，成本也不会变。为什么周末理发店的生意会比较好？因为周末大部分人不用工作，因而时间的价值下降。你如果在自己的上班时间理发，你的成本就不仅包括理发本身需要花的钱，还包括因为理发需要占用的时间，当然也可能包括旷工的处罚，而这个时间你本可以用在工作上获得报酬，可见上班时间理发的代价明显高于周末，所以上班时间理发的需求量下降。而在周末，理发的代价下降，理发的需求量于是上升，理发店的生意自然就会比非周末好了。

科斯说，要获取的价值与要放弃的成本是同一钱币的两面。因为要获取的价值有变动，会影响你的行为；要放弃的价值（代价或成本）有变动，也会影响你的行为。当然二者要分清楚才好。回到刚才理发的例子，你还是选择周末理发，结果理发师这次没发挥好，没有把你的头发理好，决策错了，不过这是超出你的预期，而不是你的成本变了。如果你预见到这次理发会出问题，你一定不会选择这次去理发。

再举一个例子：假如你家有个小院子，在这个小院子里，你可以种点花，也可以挖一个游泳池，你会如何选择？在还没有决定之前，选择种花的成本即是挖游泳池的用值，当然建造游泳池还需要付出建造费用，而且建了泳池之后，还要考虑水费以及清洁费用。种花的成本较低，因为相对来说，买一些花种更为容易；但是种了花之后，就不能在院子建游泳池，代价其实不小。如果你认为建泳池的用值很高，那么种花的代价就是建泳池的用值。不过如果泳池建成之后，你儿子的邻居小朋友天天跑到你家里来享用泳池，噪声震耳，此时，泳池的成本增加了吗？没有，只是其用值变小了。而泳池建好后，有石油公司找到你，说在泳池地下发现了石油，此时你要保留泳池的代价就急升，毕竟拆了泳池挖石油收益更大，不保留泳池的意向显然增加了。

决策要从今天看，经济学中的成本是用于决策的，即决策所依据的都是机会成本。已经付出的代价，是历史成本，也是沉没成本，不是决策时需要考虑的。如果还以历史成本作为决策的依据，有时就会犯错误。曾经有位经济学者提及其亲身经历的例子：

在20世纪70年代，他在美国要出售一个照相机的镜头，登报叫价300美元。这个镜头是他早几年以500美元买回来的，用了几年，折旧200美元是比较合适的。广告一出，几个买家一起来抢购，结果他以400美元的价格卖出。后来才知道，这个镜头当时的市价是上千美元，也就是说这款镜头升值了。

这就是依据历史成本带来的误导结果。因为未充分地搜集信息，因而定错了价，损失了几百美元。

当然历史成本可能误导，但如果不是信息不足，历史成本是不会误导的。历史成本不是成本，但是如果没有历史成本，我们可能连决策的基本信息都没有，完全在黑暗中摸索，做决策可能更难。但是在利用历史成本时，一定要注意，这个历史成本只能作为参考，只有从历史成本能推导出机会成本时，这个历史成本的信息才是重要的，才是对决策有意义的。

综上可知：成本是无可避免的最高代价，最高代价不变，成本则不变；有选择才会有成本，如果没有选择，就不会有成本，如果连选择的机会都没有，就无所谓成本；成本永远向前看，决策要从今天看；历史成本不是成本，是指历史成本不是机会成本，是已经花掉的，已经覆水难收，是沉没的，对决策没有意义了，我们不要受其干扰。

4. 比较成本

经济学的比较成本其实是一套理论，虽然其名称中有"成本"一词，但其实并不是一个成本概念，而是一个定律，即比较优势定律。当然因为这个定律本身与成本概念关系密切，所以这里还要分析一下比较成本（比较优势定律）。

比较优势定律是指不同的生产单位，各自选择相对成本较低的产品来专业生产，然后在市场交易，这样可以相互得益，即达到"双赢"的目的。这解释了为什么不同的国家、不同的企业或不同的人，会专业生产。企业各有所长，不能干所有的事，人也各有所长，不能干成所有的事，我们要找到具有比较优势的事情，然后集中时间与精力去干，这样才能干出成绩。所谓术业有专攻即是同样的道理。

站在全世界的角度看，国家与国家之间通过分工，然后相互贸易，可以提高全球的财富总值，也可以提高全球人民的福祉。

当然，贸易得利并非专业化生产的唯一目的，专业化生产进一步提高专业化程度，提高了生产效率，实现规模经济。

比较优势定律是由经济学家李嘉图于1817年创立的，是经济学中少有的简明而又通透的定律。这里以李嘉图《政治经济学及赋税原理》的例子来解释。

两个国家,一个是英国,一个是葡萄牙,各自生产衣料与葡萄酒,具体情况见表1-1。

表1-1 英国与葡萄牙的衣料与葡萄酒生产情况

国家	劳工		产量		总产量
	衣料	葡萄酒	衣料	葡萄酒	
英国	100	120	1	1	2
葡萄牙	90	80	1	1	2

从表1-1可知,葡萄牙无论是生产衣料还是葡萄酒,相比英国都有优势,因为其同样产量所耗费的劳工比英国少。

但是从劳工成本的比例来看,英国生产1单位衣料的成本是0.833单位葡萄酒(100/120),而葡萄牙生产1单位衣料的成本是1.125单位葡萄酒(90/80)。也就是说,从比较成本来看,英国生产衣料的成本比葡萄牙要低,虽然从绝对成本来看,葡萄牙生产成本比英国要低;反过来则意味着,葡萄牙生产葡萄酒要比英国便宜。

一个国家不可能所有产品的生产成本都比较低,或任何一个国家必定有些产品的生产成本是比他国低的,这就是比较成本,也是比较优势。

回到前面的例子,如果不专业生产,最终的总产量,衣料为2个单位,葡萄酒也为2个单位。如果专业化生产,由各个国家专门生产比较成本更低的品种,然后交换,就可以获得更大产量,具体如下:

英国因为生产衣料的比较成本更低,若其全部劳工都用来生产衣料,则其衣料总产量就是2.2个单位(220/100);若葡萄牙专门生产葡萄酒,则其酒的总产量就是 2.125 个单位 (170/80)。这样这两项总产量都比之前的总产量要高。假如英国与葡萄牙以一对一贸易,即可以用 1.125 个单位葡萄酒换取 1.125 个单位衣料,交换之后,葡萄牙可得 1.125 个单位衣料,剩下 1.0 个单位葡萄酒;英国可得 1.125 个单位葡萄酒,剩下 1.075 个单位衣料。如果按照各自优势生产,可以清楚地看到,无论是英国还是葡萄牙,其生产力都增加了。

以上就是贸易相互得利的基本原理,任何政府都不要干预贸易自由,否则会违背经济规律,受到经济规律的制裁。任何一个国家都要不断地提升生产力,增加贸易总量。对贸易的干预最终牺牲的一定是全部人的福祉。

当然,这样双赢贸易得利的实现,只能在产品换产品或在同一货币的情况下才是肯定的。所以全球如果没有一个基准的货币体系,就难以实现贸易的全球化。而如果每个国家用自己的货币,而汇率又受到管制或者其他局限因素的左右,购买力平价说就需要或短或长的时间来调整,而在这个调整期间一个国家可能会失去部分甚至是所有的比较优势产品。

此外,关税、贸易壁垒等都会阻碍自由贸易,造成国与国之间的生产要素不能完全自由流动,这样国与国之间的生产要素组合就无法达到优化。李嘉图所分析的一个国家只生产一种产品只是一个理想状况,现实当中,一个国家会有自己的生产体系,受制于贸易壁垒以及汇率波动,一个国家要综合考虑所有这些局限对其生产体系带来的影响。

在生产要素自由流动的市场中,选择收入较高的职业,就是比较成本较低的职业。当然这背后的条件就是一定要有自由市场,如果一个员工离开原单位会受多方面的制约,就无法实现人才流动,此时,专业化分工就无法实现,生产力就无法提高。

总之一句话，生产同一物品，或选择同一职业，我比你有优势，不是指本领比你高，而是指我的成本比你的低。这样，你必定有其他产品，或其他职业，其成本比我的低。每个人都选择自己有比较成本优势的职业，产出后参与交易，才会得到更好的结果。

二、合约概念

合约者，俗称合同，更为文学的表述即是契约，其英文单词是同一个，即"contract"。

（一）合约的理论基础

对于合约的含义其实并不用做过多的解释。合约是一种安排，合约安排一般具有结构性。合约的结构思维源自芝加哥大学经济系元老戴维德，戴维德曾经分析过 IBM 的打印纸捆绑销售合约，捆绑销售意味着其一定是有结构的，因为这是一份有其他条款的合约，不光只有一个价一个量。合约当中的规定可以是很复杂的，对于量的规定，对于价的安排，都只是最为基础的，更为关键的环节可能是以非量非价的方式体现，比如捆绑销售和佃农分成。

美国经济学家德姆塞茨则在此基础上进行了拓展：凡是足以解释行为但没有满足帕累托最优的假说，都需要考虑哪些局限条件没有放进去，衡量这些被排除的局限与要解释的现象有无关系。

不止一个人评价，20 世纪 60 年代的阿尔钦是当时世界上最优秀的经济学者，产权经济学主要由阿尔钦口述于课堂中传开。其"市价决定什么远远比什么决定市价重要"有着极深的内涵，展开来就是对产权重要性的认识，因为市价决定什么的思维即是将市价作为产权竞争的准则,价高者得会引导人们去创造财富,进而带来社会总财富上升。阿尔钦的思想深不可测,他在课堂上教需求定律,不画曲线,不用方程式,不教弹性系数,不教消费者盈余,只谈一条向右下倾斜的曲线含义,可以连续讲5个星期!

合约理论的基础也要从阿尔钦说起,阿尔钦认为,在资源缺乏的情况下,社会必有竞争,而界定竞争胜负的游戏规则就是产权制度。在私有产权制度下,决定谁胜谁负的准则就是市价,通过竞争的胜负选择,资源使用与收入分配就被市场决定了。

(二) 合约的一般理论

前面探讨了合约的理论基础,其基础显然离不开产权、交易费用的阐述,也离不开对这些问题的理论层面的探讨。

约束竞争是合约的一般用途。《佃农理论》是公认的合约经济学的典范之作,在这部著作的第六章第四节提到了一个颇为重要的话题:如果资源带来的收入有一部分没有被界定为私人所有,该资源的使用会出现像公海捕鱼那样非私产的效果。非私产的结果便是租值消散。当然只要竞争受到一定的约束,租值就不可能全部消散。而人类毫无约束的竞争可能最终会毁灭自己。约束竞争的费用是合约费用,因而也是交易费用,广义地看应该称为制度费用。租值的消散也可以看成是制度或交易费用。这样,在特定情况下,交易费用、制度费用、租值消散可以画上等号,我们需要考虑的只不过是在这几项费用之间进行权衡。

交易费用或制度费用,即合约或约束竞争的费用,在国民总收入中通常占了很高的百分比,这百分比,农业一般远比工商业低,工业国家的交易费用相比农业国家肯定更高,但是从比例来看，工业国家的交易费用占比应该比农业国家更低，这也是为什么工业国一般比农业国富裕的原因，不谈其他，仅土地一项，从耕地变更用途为工业生产，其租值提升明显，如果耕地变更为居民住宅，其租值提升更是惊人。

国民总收入大致可以分为两部分：一是交易费用或制度费用，二是租值。前者也可以看成是租值消散，这样要产生国民收入，就要求其产生的租值高于租值消散。如果制度费用下降，租值消散下降，则意味着租值上升。当然国民总收入本身会被制度费用的下降而推高，使得租值再上升，这是中国改革开放之后，土地之价急升的主要原因。

从合约的构成内容来看，合约本身即是对权利的约定，也是对产权的安排。产权的出现需要两个条件：一是资源稀缺，二是要有人与人之间的竞争。产权包括四种权利，即所有权、使用权、收入权和转让权。所有权在经济分析上并不重要，它只在法律上是重要的，所以所有权与使用权发生分离是没有什么影响的。从理论上来说，一个人只要拥有了使用权与收入权，其实就拥有了产权，而如果这两项权利还可以转让，那么就是一个完整的产权。当然，所有权的不重要，只是在协助生产方面不重要，但在维护权力方面还是重要的。

只要使用权被界定清楚，所有权是不重要的。反过来，不管所有权界定得多么清楚，使用权界定不清就会有麻烦。削弱收入权的界定或多或少会削弱使用权的效果，即多多少少会出现租值消散。换句话说，在收入的权利上，要避免租值消散，资源使用带来的所有收入都要有明确的权利界定，没有被界定的部分就会有收入流失。一项资产的收入权归谁所有，即意味着这项权利事实上归谁，而收入的产生可以归结于使用，正如租房收入的来源在于租客住在其中产生的用值。所以使用权是最为底层的权利，收入权则是显性的交易对象，二者的实现都需要转让来完成。

转让权其实是最为关键的，一般来说，如果有转让某项资产的权利，就包含收入权与使用权，因为转让的意思就是要将收入权与使用权一并转让出去。转让权的重要性源于此。此外，转让权的存在是市场合约出现的一个先决条件，如果没有转让权，资产的收入权就天然打个折扣，因为如果没有市场的运作，我们就不容易获得资产市价的信息，其资产带来的收入到底是多少就看不清楚。转让权的开放，是经济增长急升的主要原因，日本明治维新时的经济大发展正是在土地有使用权与收入权的界定下，加上了转让权。

合约的经济内容从抽象层面看，即是使用权、收入权与转让权；但从形式层面看，则是对于价、量以及价量关系的多重安排。

只有一价一量的合约是没有结构的。这种合约一般是"卖断"的，也可以认为是"买断"，对于卖家来说是"卖断"，而对于买家就是"买断"了，其背后意味着风险与报酬已经完全转移了。只有一价一量的合约可以看成是一刹那的，所以很简单，不需要深入分析。但是现实世界通常不是这样的。

黑板经济学往往假设合约是不言自明的，是一价一量，或者顶多二价二量，但是真实的世界不是这样的，合约安排丰富多彩。传统经济学对合约的考虑往往过于简单，产生了一个严重的缺环。现实中的合约往往是有结构的，特别是租用或者雇用的合约一定是有结构的，这些合约安排往往会对使用权以及收入权进行界定与分配。

风俗与礼仪也构成了合约结构的一部分，因为我们不可能事无巨细地将所有的结构性条款写进合约，故而有普通法以及风俗习惯的辅助才有助于弥补合约的漏洞，所以合约一定是不完备的。风俗与礼仪这类合约是没有市价的，这些东西是从属于文化发展起来的习惯，对市场起着补充作用。

有结构的合约，必须考虑交易费用的问题。这里的交易费用主要指监管或督察费用（以下简称"监督费用"）。

最明显的例子是买钻石，钻石的质量鉴定标准有净度、质量、切工和色级四项，但是一般的钻石都是以质量作价的，因此购买的顾客一般不用担心质量不足，但是其余三项的质量恐怕难以保证。又例如雇用员工，如果是以工作时间算工资，用打卡机来考核，老板不用担心员工不遵守上下班的时间安排，但是员工的时间可不是产品，时间只是一个委托量，老板此时就不得不监督员工的工作表现，于是在企业中就会有专司监督的岗位，不仅在中层，在治理层，如监事会、独立董事、审计委员会，这些合约安排都是起到监督作用的。

被量度而作价的量，出售者倾向于履行合约，其监督费用因而下降；没有被量度而作价的量，出售者倾向于不履行合约，其监督费用因而上升。这就是履行定律。

在履行定律中其实有两项交易费用：一是量度费用，二是监督费用，二者之间往往有关联关系。如果量度费用低，往往选量作价①，这样是可以减少监督费用的，但是量度费用就不可或缺了，有时候量度费用还挺高的，如果可以达到监督费用下降的结果，则需要比较的是二者费用上（只需要序数比较）哪个较高。以时间来算工资的合约普及，不仅因为量度时间的费用低，更重

---

① 即选择合适的变量来量化价格。

要的是时间对被雇者的产出活动有广阔的概括性,雇主于是选择在约定的时间内提升时间之外的监督费用。对于公司的高级经理来说,以时间考核其贡献就会出大问题,因为此时更重要的是要偏于长期,要着重于项目的长期成绩,所以引进分红、授予股票这些合约安排会更好,能有更好的激励效果。

从履行定律中的监督费用出发,我们发现在公司中如何进行员工激励是一个大问题,不同的企业有不同的解决之道,但是经营得好、有核心竞争力的企业必须在这方面过关,特别是在激励制度上要过关。

最为理想的企业,可能是苹果、奈飞等,因为这类企业招录员工有一个基本的理念。苹果的创始人乔布斯有一个著名的理念,即一个卓越的工程师能创造的价值是100个普通工程师所能创造的价值总和,即一个卓越的工程师可以抵得上100个普通工程师。所以,苹果公司宁愿给一个卓越的工程师开出100万美元年薪,也要比给每个普通工程师开出10万美元年薪好,因为这样对公司来说,还是节省了900万美元。所以乔布斯只招最好的员工,这反而会节省公司成本。况且还有一点乔布斯没讲,即最好的员工是不用激励的,他们都是自我驱动的,把自我价值实现作为自己的最高目标,比如这个东西是我创造出来的,远比给我多少钱重要。而100个最好的员工在一起工作,其迸发的能量更是无与伦比,一些创新就是这样出来的。所以苹果公司创造出来的产品,其他公司难以望其项背。

奈飞公司老板的理念与乔布斯的理念是一致的,只招这个领域最好的员工,开最高的薪酬,最终奈飞成为视频界的顶流,其拍出的作品几乎部部热播,资本市场给予公司几乎是最高的市盈率估值倍数。这样的招人秘诀当然可能只适合这些卓越公司,因为优秀人才总是少数。而从经济学视角、监督费用来看，这些公司是可以节省较多的监督费用的，就是这一笔费用的节省也是非常可观，别看这些交易费用无法用货币度量，只需要看一样东西的节省就可以了，这样公司的人事部门基本上可以精简为极少几个人就可以了。这样的公司往往是公司创始人兼任 CHO（首席人力官）把最为顶级的人才找到就可以了。

当然，像苹果、奈飞这样的公司还是少数，这个世界上，大部分公司都谈不上卓越，称得上优秀的也是寥寥可数。一家优秀的公司肯定要考虑人才激励问题。在现实的合约安排中，件工安排是一种比较独特的安排，其重要性不是因为它本身有多重要，而是因为它对经济学的推理思考有着关键性的协助，这是一种直接量度员工生产力的合约安排。

不过件工工资的安排却是有门道的，这不容易理解，但不解决这个问题的工厂会吃大亏。如果是天然的件工，只是手工加工的情况，完全按件工进行数量考核同时辅助一定的事后质量监管就可以。但现实中，一些有机器的工厂也用件工，件工是通过操作机器生产出产品的，此时，就不能直接以件数乘以每件工资来算出薪酬了，因为要考虑机器的租值。下面举例说明。

两个员工，第一个员工每天的产量是 100 件，第二个员工每天的产量是 200 件，假如一件工资为 2 元，如果只是手工加工，前者的工资就是 200 元，后者的工资是 400 元，这没有任何争议；如果一件产品的生产需要投入机器，假设每件产品的设备租值（也可以简单理解为租金）为每天 0.5 元，这样第一个员工对设备租值的贡献是 50 元，而第二个员工对设备租值的贡献是 100 元，但他们所使用的机器是一样的。在市场竞争下，这两位员工的租值贡献要一样才能达到租值最大化。这样企业付给这两个员工的工资就不仅仅是件工价,还要算他们对机器租值的贡献,这样付给第二个员工的工资就要上升,或者第一个员工的工资要下调,或者两者均衡调整。这工资要调校得准确才行,否则就会导致企业留不住好员工。企业的实际处理,往往是在指定时间内员工的产品如果超过定额会获得奖金。这解释了为什么很多企业都采取奖金这种薪酬激励制度。

如果采取时间工资方式,在比率上,工资的分离会高于工人生产力的分离。此时的绩效工资的考核更是难事,这暗含着量度与监督费用不菲,处理不好,企业竞争力下降是必然的。

薪酬激励的合约安排非常难,不知价是经常的,特别是涉及不容易定价的环节,比如设计,特别是艺术的部分。工业化的流水线可以做到极低的成本,因为这只是工艺品,而非艺术品。艺术品是天价,但是工艺品因为可以通过大规模工业化机器生产出来,其价格有时可能是你想象不到的便宜,比如一个印有凡·高名画的台历,大约只要 7 元一本。

在企业中,其实对于员工来说,激励问题也就是收入分配问题,如何将企业所获得的收入在各项资源(投资人、债权人、员工)之间进行分配,是一个大问题。当然,这个问题也可以简单地转化为一个小问题。即谁的贡献大,谁就得益多。但是,展开来分析,却不是那么简单,简单的只是理念。如果所有的贡献都能如件工一样能够量化,也即以量定质,量与质相符,倒也容易,只需要简单计算就可以算得清楚。如果要对效率更高的工人提升计件工资,怕是不容易,这样会使工作效率低的工人觉得不公平。采取超额累进制的工资体系,会更加复杂,也不容易算得清楚,且依然会有公平的质疑,所以统一以奖金来处理可以省去更多麻烦,有些工厂发奖金完全由老板亲自来发,装在一个密封的信封中，这样就可以保密了。

边际产量下降定律，是一个重要的有关生产的定律，但这个定律是有自己的适用范围的。如果只是从边际上来讲，随着资源的持续投入，一定会最终带来一个结果，即边际产出下降，这是经济规律。问题的关键是从什么时候开始下降，这个临界点在哪里？因为事实上从最开始追加资源，边际产量还有一段是持续攀升的。传统对边际产量下降定律的阐述忽略了两个方面：一是这定律要从一个生产组织的整体看，不能仅从个别参与的成员看；二是这定律是基于挤迫，且是基于挤迫程度上升之后才会出现。如果资源还处于闲置阶段，边际产量是不会下降的，这时候先要将闲置的资源填满了再说。

就工厂的薪酬安排来说，如果能引进件工，还是尽量用件工，员工的生产力一目了然，也有利于激励员工多产出。研发型企业普遍都难以用件工，因为产出是很不确定的，用专利申请数量来评价也会有极大的问题，所以用股权激励辅助一定的奖金会产生更好的激励效果。这是华为在科技界胜出的原因之一。

从交易费用的角度来看市场，这里面有着层次的划分。市场经济不是资本主义出现才有的，从古代中国的情形来看，市场早就有了，但是真正在规模和交易种类上达到前人难以想象的程度是在工业社会之后。在农业社会，言而有信的市场交易一定要有风俗礼仪的支持，交易者也不敢违背，因为一旦违背，就会在这个熟人社会中无法生存。

此时的市场有三个特点：①在市场上换物可以看成是购买物品，也可以看为购买土地与劳力等生产要素的贡献，其实是一样的；②此时产品市场与生产要素市场是同一市场，是分不开的；③物品交换之价一方面代表着各家各户的收入分配，另一方面指导着各家各户的资源或生产要素的使用，市价此时已经有了双重作用，即决定各家各户的收入，传递资源使用的信息。

中国香港的串珠子行业可以看成是传统手工业迈向现代化工厂的中间环节。此时已经有两个重要的变化：一是有形之手出现了，有经理人；二是市场开始分离，只不过这里还是产品市场的分离而已，从产品来看，因为分离的原因，已经有几个层面的市场。

斯密笔下的制针工厂其实是当时资本主义已经发展到一定阶段的产物，此时生产效率获得极大的提高。制针工厂的例子简单，但是极具典型意义。据斯密考察，每个人如果独自制针，则一天造一根针都很艰难，但在工厂里，20人分工合作，平均每人每天居然能产出4800根针，即效率提升4800倍。虽然不太清楚当时的制针厂是不是采用件工分配工资，一般认为斯密所说制针程序应该不是用件工，因为他描述的是一条生产线。分工合作之后产生的效率提升是惊人的，这就解释了为什么马尔萨斯的人口论在逻辑上是对的，但显然被事实完全推翻了。生产力成千上万倍地提升，使得人口增长再快，我们也养得活，而且还越来越富有。

从香港串珠子这个例子中，可以看出产品市场与要素市场是分不开的，此时经理人不用担心珠子产品的数量不足，但是质量是否达到要求则需要监督，此时监督质量是珠子制成品的主要交易费用。在件工作为主要的生产手段时，产品市场与要素市场也是分不开的，也不用分开。只不过在更为复杂的生产部分，其每部分议价及监督的费用更高了。

在转为以时间作为量度来衡量工作成效时，要素市场与产品市场就出现了明显的分离。凡是要素市场与产品市场出现了明显的分离，前者一定牵涉时间。而分成、分红、奖金、把工程外判等合约都难以把产品市场与要素市场分开。在竞争之下，生产要素的时间市场容易有价，而时间本身是最容易量度的。在很多方面，生产的运作没有市价的指引，政府这只有形之手就要忙碌起来了。

其实在工业经济中，交易费用占国民收入很大的一部分，但是分工合作带来的增产利益足够庞大，足以弥补交易费用的增加而有余。这是人类生活得以改进的主要原因，也是中国改革开放以来人民生活有大改进的主要原因。中国的改革开放，也可以看成是从农业社会以及工业生产不健全的社会向全面工业化的、充分利用分工合作的社会转变。

交易费用很重要，但是交易费用不容易度量。我们要先从合约的角度把交易费用出现的位置看清楚：合约改变，则有关的交易费用也会跟着改变，需要提醒的是，真实世界的合约安排需要作实地考察。值得注意的是，政府或机构提供的数字或资料一般不够深入，有时也会误导。

瓦尔拉斯的均衡方程式看起来论证完美，但这个方程式假设太多，既要假设交易费用为 0，又要假设有 N 种产品及 $N-1$ 种相对价格，还要区分产品市场与要素市场。但是没有交易费用将无法决定产品类别的数量，所以瓦氏一般均衡只是空洞无物的数字游戏。其实在经济学界有太多的模型进行了大量的抽象与简化，简化之后与真实世界完全脱节，这种模型没有什么用处，也不能增加什么知识。经济学不是数学，其深刻的分析其实也不需要数学与模型，而用上数学或模型带来的往往是负面效果，瓦尔拉斯模型从解释世事的角度来看，是没有任何意义与价值的。

总之，合约的一般用途是约束竞争，合约也在整个经济学体系中成为关键内容。合约的内容主要是对产权的约定,包括使用权、收入权与转让权,所有权从产权的角度看并不是那么重要。从合约的角度看,一些所谓的外部性现象其实是没有考虑合约安排的,是由于没有界定清楚产权而产生的。漠视合约安排,就不会有履行定律,而没有履行定律,企业的人才激励体系将无法建立,选量作价的原则将无法推行。只有更为深入地考察合约安排,成本才可以看得更清楚。

三、企业变革的成本考量

这部分放在经济学的框架之下,不仅仅因为经济学探讨企业,更为关键的是经济学对公司理论的探讨有着较长的思想发展。前面曾提到科斯的《企业的性质》,文章发表时科斯只有24岁,但是这篇文章受到关注则是在科斯成名之后。科斯在文章中提到一个关键问题,即为什么会有企业这种组织存在?科斯的回答是因为交易费用过高而不知价,于是企业替代市场而存在。

奇怪的是,经济学还有一个关于企业的热门话题,称为公司理论(theory of the firm),这是关于生产成本与竞争或垄断情况下的价格厘定问题。

经济思想史上对于公司为何物,公司为什么存在,向来争议不断。科斯认为公司因替代了市场而存在,认为不知价所以有了公司。但这种想法被不少学者认为有套套逻辑之嫌。奈特认为,因为存在风险,所以出现企业家或老板,采用承担风险的方法赚取剩余收益。阿尔钦与德姆塞茨则认为,公司进行合作生产而有卸责行为需要监督,但卸责难以观察,也很难验证。

科斯在文章中重点提到,公司的出现源于市场不知价。这观点无疑是对的,因为如果凡事知价,从产品的微小部分到监察员的微小服务也知价,则斯密的分工合作可以全部通过市场的价格机制来处理,也就是说如果价格的信息与议定没有费用,则不会有公司出现。显然从逻辑上来说,不知价,会导致偷懒或卸责,不是偷懒或卸责导致不知价。不知价,不同形式的合约会互相替代,而不是公司替代市场。从生产活动的角度看,公司之间是无法划分明确的边界的。前面已经提及,件工合约是产品市场,这正是所谓的"公司"与"市场"中间的合约安排。而如果一间工厂全部用件工处理所有产出,则"公司"与"市场"就变成同一回事了。

在完全用件工合约来安排生产时,产品市场与要素市场是无法分开的,它们的分开源于要素以时间量度。其实,产品市场与要素市场本身的区分不重要,经济制度的运作本身也不需要区分产品市场与要素市场。传统的经济分析往往区分两者,是因为往往忽略掉了背后的交易费用,而如果交易费用不是从合约的履行与监督的角度去看,则不容易看清楚。

不知价,不是不可能知价,而是知价的信息或交易费用太高了,所以选择不知,而选择不知是时间工资出现的原因。时间工资的采用是基于知价费用的节省高于监督费用的上升。也即如果知价费用过高,还不如用时间来度量贡献,而存在的磨洋工行为可以用监督来解决,只要保证监督费用不高过知价的信息费用即可。

如果凡事知价,从产品的每部分到经理人与监督者的每项贡献皆有价,授权让人指使就变得不重要了,也就是说如果所有的服务或操作皆有价,授权就变得不重要了,因为每项微小的贡献皆可直接以价成交。此时,公司也就没有存在的必要了。

当然知价与不知价不那么黑白分明,而是有灰色地带。这是为什么管理需要灰度①内在的原因。而考虑到知价有不同层面的信息与量度费用，监督与指导也有不同层面的费用，把这些费用组合起来，称之为交易费用。这样就带来一个有趣的市场均衡：四个边际的两方均衡。第一方均衡是分工合作带来的增产利益，在边际上要跟交易费用的边际上升相等；第二方均衡是同样的产出贡献，合约选择的均衡是基于不同合约的交易费用（主要是信息费用与监督费用）在边际上相等。这被称为经济学的四二均衡定律。这个均衡定律对分析合约安排有奇效。

公司内部的变革可以看成是合约安排的改变，而这个改变要成功，必然要考虑背后的交易费用。变革之后可以获取更大的收益，这个收益从根本上是来源于分工合作的专业化加深与扩大，但这个收益要让原有的利益相关者看清楚，可能需要花费较高的信息费用，故可以把说服费用也纳入到信息费用中去。

改变现行的经济制度是要付出代价的，这可以解释为什么运作费用较高的制度能够推行下去。有两种费用妨碍制度转变：

①搜集有关其他制度的信息所需付出的费用；

②要说服（或者逼使）那些在制度改变后，实质收入会减少的人所需的费用。

其中，①是信息费用，②是需要花钱或者通过其他方式补偿的费用。

如果制度改变使每个人都增加利益，那么问题就不会太大；只需要克服信息费用就可以。不过，倘若改变会使一部分人得益，但另一部分人受损，纵使制度改变会为社会带来净收益，反

---

① 灰度一词在管理学中常用，其意思可以理解为黑色与白色的边缘地带，这个模糊地带的处理非常考验企业家，任正非甚至提出灰度哲学。

对的力量也必然存在。

企业内部的变革也是如此，一家企业要提升改革之后大家的利益都会变好的预期，而且要让大多数人都能受益，这样才能推动改革。这样即使是少部分人反对，也可以通过民主原则或者通过利益补偿来解决。企业的制度变革可以分成小规模与大动作。人才激励的合约安排可以看成是小规模，而转型则是大动作。如果企业建立的制度，特别是激励制度并没有带给企业应有的改变，就要反思制度是不是要有所改善。此时就需要考虑进行制度变革了。

经济解释理论给我们最大的启发是：明明产生了成本的浪费，却无法去避免，那一定是存在着没有预计到的制度成本。要解决此问题，只能改变制度。制度不变，一切微观的成本控制恐怕都徒劳无功。

第二章 从管理学视角看成本

本章分为两节,第一节是关于管理的一些基础概念,包括什么是管理、管理与经营的关系等;第二节是管理学中的成本。

第一节 管理的概念

本章从管理学视角看成本,首先要搞清楚什么是管理,而在搞清楚什么是管理之前,有两个基础性的问题需要回答:一是管理学与经济学之间的关系,二是管理究竟是科学还是艺术。

一、管理学与经济学的关系

从现有的学科设置来看,不少学校的经济学与管理学是不分家的,设立的学院就叫经济管理学院。但不少学校既有管理学院,也有经济学院。前者一般叫工商管理学院,后者一般叫经济贸易学院或者经济金融学院。当然,不管怎么设置,一般都认为管理学与经济学是两个不同的学科。从学科层次来看,这两个学科都被看成是一级学科,地位上是并行的。

我们来弄清楚这两个学科的真正关系。首先,从时间线来看,管理学这门学科的起源是以 1911 年出版的泰罗的《科学管理原理》为标志,而经济学的起源则以 1776 年出版的斯密的《国富论》为标志。所以单纯从这个起源来看,经济学显然诞生在前，比管理学足足早了135年。

既然经济学的产生比管理学早，那么管理学是不是可以看作是经济学的一个分支，或者说是经济学孕育了管理学呢？

从学科发展来看，经济学的鼻祖斯密确立了真实世界经济学的规格与套路，也是经济学的正宗套路。经济学的发展经历了3个阶段：古典经济学、新古典经济学与新制度经济学。其中古典经济学以斯密、李嘉图等为代表，其时间跨度从1776年至1890年；新古典经济学则以马歇尔的鸿篇巨制《经济学原理》为标志，其出版时间正是1890年，而新制度经济学的兴盛是在20世纪60年代，以科斯的《社会成本问题》为标志，新制度经济学的兴起之作是科斯于1937年出版的《企业的性质》。

管理学的开篇之作《科学管理原理》的研究对象其实是工人生产的动作管理，后来经历了管理理论的丛林，其实是一个个特殊的理论，以德鲁克写就的巨制《管理的实践》作为这门学科的成熟标志。而这本著作的出版（出版时间是1954年11月6日）将管理真正变成了一门学科，德鲁克也被公认为"现代管理之父"，管理学大师中的大师。

从狭义的角度看，经济学关注的是资源分配，从广义的角度看，经济学可以用来解释人类的所有行为，这些前面都说过了。管理本身也是人的一种行为，所以管理学受经济学驾驭是必然的。"管理要基于人性"是人们常说的一句话。所以，从广义来说，将管理学看成是经济学的一个分支是没有问题的。管理学作为人文社会科学，受到社会科学之母的经济学的驾驭也是必然的。确切来说，管理学理论丛林，都可以看成是经济学理论运用于管理实践而产生的特殊理论，而德鲁克的《管理的实践》其实不是在概括理论，而是在总结经验，是行动指南。

从狭义的概念来说，管理学的重点在于提升效率，一般是现有资源条件与合约安排的条件下考虑如何优化流程，少花时间、金钱与精力。所以，此时经济学与管理学就是两个层面的事情了。

二、管理是科学还是艺术

管理是科学还是艺术这是一个很重要的问题。显然大部分管理学者都认为管理是科学。理由很简单，若管理是艺术，那么就不存在管理理论丛林的分析以及管理理论体系的构建了。有关管理学的文献浩如烟海，从泰罗的科学管理开始，一系列的管理实践家对自己的管理实践进行了总结，从1911年[①]以来的100多年间，涌现出众多的管理大师，引领着管理学的潮流。但是，对于管理究竟是科学还是艺术的争议并没有停止过。

假如管理是艺术，那么意味着管理部分是属于不可控的东西，是基于管理者自身的经验，是要充分利用管理者的直觉及实践进行管理。从企业管理的角度看，企业的管理者多半并不是科班出身，但他们通过实践经验的积累还是掌握了一些基本的管理原则和方法[②]。从这一点来看，显然管理是在实践中学习的，管理的决策可能更多地要依赖于企业家的直觉。这可见管理本身的艺术性了。但现实又告诉我们，若管理是门艺术，为什么无论是外国还是中国的高校，工商管理硕士（Master of Business Administration，MBA）班和高级工商管理硕士（Executive Master of

---

① 1911年，泰罗（Frederick W. Taylor）的《科学管理原理》出版，这是最早的一部管理学著作。

② 当然，大部分的企业创始人虽然没有在课堂上学习过管理，但他们一直在实践中以及从相应的书籍中去学习管理知识，但凡做得好的企业家，比如李嘉诚、王永庆等，都是每天在学习的人。当然，管理的实践充满着艺术性，也需要灵机一动，彰显着管理的艺术魅力。

Business Administration，EMBA）班大量开办，每年吸引着无数的企业管理者来学校学习管理的知识？有人可能认为，这些来读MBA和EMBA的学子多半是希望通过读这个课程结识创业伙伴、积累人脉，这当然是目的之一，但显然这一点并不是MBA和EMBA课程班的独特价值所在，因为这一目的显然可以通过各种商会的方式来达到。更多的人还是希望能从MBA和EMBA的学习中去探寻管理的真谛，从而能加强自己的管理才能。管理如果没有自己的理论体系以及架构，没有自己的科学性又怎么能在学校的课堂当中加以讲述呢？从这个角度来看，管理是一门科学。

经过以上的分析之后，也许人们还是不知道到底管理是科学还是艺术。我们把上面的这个问题进行拆分。管理本身是一个大的概念，什么是管理？几句话难以说清，但是如果将管理分为管理实践和管理学科，那么这个问题就能迎刃而解。

管理的实践工作，同其他工作如医学、工程设计、会计等一样，是一门艺术性很强的工作，也即需要管理者对具体问题进行具体分析，需要管理者灵活地、主动地解决问题。这也正是管理艺术性的体现，一切取决于管理者的权衡把握和带有艺术性的处理。从这个角度来看，管理是艺术无疑了。不过，管理者进行管理工作总不能凭空进行，总会依据一些基本的原则，采用一些具体的方法。这些原则和方法如果具有一般性，就可以把它总结成一般性的东西，即一些管理技术，这些技术性的东西如果形成严密的逻辑体系，就成了管理理论了。

纵观整个管理学发展的历史，泰罗、孔茨、梅奥和德鲁克等一系列的管理大师都对管理学的科学发展做出了卓越的贡献。他们把自己或者别人的管理实践加以总结，形成了各自视角的管理学著作，为管理学成为一门学科添砖加瓦。从指导实践的知识角度看，管理科学显然是管理实践知识的总结，其科学性在于能够帮助管理者在碰到相同的管理问题时，可以从管理学的科学著作中去寻找答案，进而做出科学的管理决策。

综合上述分析可以知道，管理实践显然更接近一门艺术，即需要管理者更多地运用自己的判断进行管理，运用自己的直觉①进行决策。而这些管理者在管理实践过程中总结的一些经验以及知识如果具有共性，就可以形成一门技术，技术的系统化就可以形成管理理论，管理理论丛林就是这样一个个形成的。管理理论的系统化就形成了管理学科。

对管理所作的以上区分，大概可以把管理科学与管理艺术加以区分开来，不过这种区分只助于理解管理的本质。现实中理应把管理看成既是一门科学，也是一门艺术。说其是科学，是因为我们可以从前人的管理学著作中，从学校的学习中学到作为一门科学的管理学知识；说其是艺术，是因为我们应该在管理的实践中加以应用这些管理知识，并且要根据实际的管理实践情况勤于总结，进而形成更多更新的管理学理论与方法。德鲁克曾说："我围绕着人与权力、价值观、结构和方式，尤其是围绕着责任来研究这一学科。管理学科把管理当作一门真正的综合艺术。"②从这句话中，我们应该可以体会到管理是一门艺术，是一门综合性很强的艺术，这门综合性艺术构成了管理科学的主体内容，体现了管理作为一门艺术和科学的综合。

---

① 俗称"第六感"，一般指在管理决策当中，有创造性的管理者往往能够充分利用自己的第六感，在模糊中做出相对准确的决策。

② 彼得·德鲁克. 管理的实践 [M]. 齐若兰，译. 北京：机械工业出版社，2009：1.

三、管理的本质：效率

以上我们探讨了管理的背景知识，其在学科体系中的地位及其与经济学的关系，以及管理到底是一门科学还是一门艺术。这些探讨本身其实都与一个关键性问题有关，即管理的本质到底是什么？

从西方翻译过来的《管理学原理》教材，将管理定义为一个过程。这样的定义当然是对的，其实很多概念都可以定义为一个过程。比如可以定义会计为一个过程，审计也是一个过程，内部控制也是一个过程。这可能是国外教材的一个通病，问题的重点是一个什么样的过程。

管理需要一个过程，管理的一个重要目标就是优化过程，我们称为流程管理。但是这个过程与别的过程有什么不同呢？

根据国内著名管理学者陈传明教授对管理的定义[1]，管理就是为了有效地实现组织目标，由专门的管理人员利用专门的知识、技术和方法对组织活动进行计划、组织、领导、协调和控制的过程。从这个定义可以看出，其依托的是职能展开，管理的五大职能是计划、组织、领导、协调与控制。在我看来，这五大职能最为关键的是协调，因为这个职能是串起其他职能的那根线。管理一定要有目标，也可以称为组织目标，组织目标的实现就是我们需要考虑的首要问题。

当然，这个定义是从表层看到的职能活动来定义管理，其实并没有深入管理的本质。对于管理的本质是什么的认识，将决定着我们如何看待和运用管理。管理的五大职能，如今已经细化为

---

[1] 陈传明，周小虎. 管理学原理 [M]. 2版. 北京：机械工业出版社，2012：7.

组织行为学、控制学、领导学，其中的控制其实在很多学科中都有所涉及，如三论（系统论、信息论、控制论）中就有一个叫作控制论，而课程"企业内部控制"直接以控制作为核心词汇；"组织行为学""领导学"已经成为管理学专业的核心课程。

这样，五大职能就剩下两个，即计划与协调。我们先来看计划，拆解"计划"的两个汉字，"计"的表意是计算，"划"的表意是分割，"计划"从属于目标达成而存在。"计划"的表意定义：计划是分析计算如何达成目标，并将目标分解成子目标的过程。一项计划首先要明确该项计划所针对的目标。在目标明确以后，在计划中还必须说明如何做、由谁做、何时做、在何地做、需投入多少资源等基本问题。从以上的定义可以看出，计划是一套程序，是一套方法。这样看来，将计划当作是管理的本质是不合适的。

协调就是正确处理组织内外各种关系，为组织正常运转创造良好的条件和环境，促进组织目标的实现。管理的本质是协调吗？一般的教科书都把协调看成是管理的职能之一，但是这个职能起到串联作用。管理要做好计划，管理要搞好协调，这是管理上的要求。那我们可以说，管理的本质是计划吗？如果是这样，我们把计划做好，把计划完成好，不就行了？但是计划毕竟在形式上看得见，是表象性的，因此谈其是管理的本质就说不通了。但是，协调不一样，当领导的首要任务之一，便是协调，最关键的是关系的协调。而组织，即是把人团结起来，形成一个坚强有力的团队，这个过程也离不开协调，起码团队负责人要协调好，最后才能组织好。而对于控制这个职能来说，前面我们也说了，控制其实在很多学科之中都存在，实在不是管理的核心职能，它在管理中，更像是计划实施过程中的监察与制约，其包括一整套的前置条件与事后反馈，使管理形成一个系统性的闭环。在这个过程之中，协调各种资源和各项监察督促工作也是理所应当之事，协调也有助于控制的完成。

这样看来，管理的其他四项职能都需要协调来帮助完成，协调在这些职能中处于核心地位。

管理的本质是协调，协调的目标在于提升效率，效率的提升即是时间的节省、精力的节省以及成本的节省。

此外，提到对管理本质的认识，我们还可以从概念的对照当中去寻找答案。管理与经营往往放在一起，所谓"经管"是也。不过这两个词的含义显然不一样。

有人说，经营是做正确的事，管理是正确地做事[1]，在我看来有一定的道理。经营是要把事情做对，管理是要在事情做对的基础之上，把事情做得有效率，即找到做事的正确方式。如果这个观点成立，那么显然是经营在前，管理在后。有了正确的事，正确的方向，如何正确地做事才有意义。如果方向不对，管理越有效，结果可能越糟糕。

经营注重的是方向，管理注重的是方法。方向对了，方法奏效，最终一般会产生好的结果；方向不对，方法有效，结果也不会好；方向对了，方法无效，依然不会有好的结果；方向不对，方法也无效，这是最糟糕的结果，公司肯定是一团糟。经营的目的在于寻找到正确的方向，管理的目的在于提升效率，找到高效的方法，改进过程。

四、管理是管事理人，还是管人理事

中国台湾著名管理学家曾仕强曾将西方管理学与中国传统文化相结合，开创了新的管理天地，并取名中道管理。在中道管理

---

[1] 这句话来源于管理学大师德鲁克。

中，曾仕强将"管理"两个字拆开，问了一句：管理到底是管事理人，还是管人理事？

从表面上看，似乎是管人理事更为合理，毕竟很多人认为管的就是人，而事情是要将其条理弄清楚，可以称为理事。但是曾仕强认为不对，中道管理的内涵与核心就是对于管理的理解，是管事理人。将事情管起来，监督好落实好，事情是要管好的，这是管理的第一层面，但这显然不够。对于人来说，特别是中国人，我理不理你是人际关系处理的精髓所在。而作为企业的领导，下属如果总是对领导爱理不理的，这样的领导恐怕是当不好的；反过来，如果领导对下属也懒得理，这样的下属恐怕也不会有什么提拔机会。领导批评你是在关注你，领导表扬你也是在关注你，都是理你的表现。所以，作为一名管理者，如果能做到管事理人，才能更好地在中国的企业中做好管理。

中国的文字往往有着精深的含义，这里就是对"管理"的拆解，将其分成了"管"与"理"两个部分，然后再对这两部分分别加以解释，就形成了对管理的独特认识。

第二节　管理学中的成本

管理学家德鲁克曾经花费大量的篇幅来讨论什么是管理者，以及管理者的责任是什么。他曾经说过：管理者不同于技术和资本，不可能依赖进口。中国发展的核心问题，是要培养一批卓有成效的管理者。管理者，特别是卓越的管理者，需要具有一些必要的素质，而其中的一个基本素质，就是不断寻找降低成本之道。在战略管理中，有一个基本的战略与成本直接相关，即成本领先战略，也可以称为低成本战略。

管理是注重过程的，而经营是面向目标的。目标管理却被德鲁克当作一个概念提出来，其含义正是指围绕目标展开全过程的跟踪操作。成本管理这个词经常被人提起，也有提成本管理与控制的。后者，从概念上看是明显有问题的。因为从上面对管理的分析可知，控制应该属于管理的一个职能，也就是说，管理是包含控制的，成本管理本身就包含着成本控制，所以说成本管理即可。

再来分析一下经营与成本管理的关系。前面说过，经营是做正确的事，是确定方向的，是偏向于战略的。方向若对，前方一定是一条康庄大道，而不是一条死胡同，否则即使整个过程管理得再好，也是没有意义的。因此，在进行成本管理之前，先考虑经营，把方向确定好，也就是把战略考虑清楚，然后再落实过程的成本管理。

经营最为关键的事情是确定企业的使命与目标，思考这个使命与目标和人类需求之间的关系，以及本企业如何能在满足这项人类需求的过程中脱颖而出。成立企业，根本目的不是赚钱，而是满足人类需要，为用户创造价值。如果能比竞争对手更好更快地满足用户需求，企业赚钱就是顺理成章之事。当然要赚更多的钱，一定是双管齐下，一方面创造性地盯准用户需求，而且对用户日益增长的需求有更加敏锐的把握；另一方面，在生产产品或者提供服务的过程中，想尽一切办法在不损害用户满意度的情况下，尽可能地将成本控制在现有局限下的最低水平。

如果经营的目标定错了，战略上出了问题，选择的赛道与行业根本没有发展空间，再怎么搞好成本控制也没有什么意义。这正如尽可能地省钱却无法富起来，最终还是要通过不断开源才能富起来一样。在我看来，开源要成功就是取决于经营，而节流的事，就是管理上需要考虑的事。所以，开源节流的本质可以认为就是搞好经营管理。

利用手中可利用的资源，包括人、财、物、精力与时间，全力专注于有潜力的行业、有前景的赛道，让企业具备发展的内生动力，形成盈利模式，然后用赚来的钱不断投向未来，打牢竞争基础。处处比竞争对手快半步，处处比竞争对手表现得更好，形成系统化操作与通盘运作模式，形成经营的正向良性循环。在方向明确、战略清晰的基础上，紧抓过程管理，特别是成本管理，才会获得更加理想的结果。

但是如何判定经营目标是对的呢？做对的事，什么样的事才是对的呢？以事后的结果来验证当然是终极手段，但如果最终结果出来后才发现情况不好，可能一切都晚了。所以战略上其实也是需要试错的，发现不对，可能需要立刻修改调整。小步快跑可能是比较好的处理方式。也就是每走一步，都可以停下来验证一下对不对。

一般来说，如果战略和方向与用户的需求相吻合，是真正有助于提升用户价值的，这样的战略和方向基本上是对的，后面就只剩下过程的微调了，对大局影响不大。

大量的案例可说明战略问题的重要。这里举一例，海信并购科龙，就是更多地出于战略考虑，而非财务的目标。让我们来看看当时的情形。科龙电器经历了格林柯尔的并购事件，元气大伤，陷入巨额亏损状态。科龙要寻找出路，寻找合并买家，当时北方的海信集团有意成为并购方，对科龙电器实施重组。但是海信一直下不了决心，因为从财务视角来看，当时科龙亏损高达9个亿，要弥补这个大窟窿，不是易事。海信集团最终下定决心并购科龙，其看重的是未来战略的发展，主要是科龙在南方打下的市场及其在南方的销售渠道。因为海信集团当时在北方的确发展得很好，但是其在南方的市场地位不强。事后证明，这种从战略层面的考虑是对的。从最近几年的运作情况来看，海信并购科龙，科龙成功扭亏，海信也成功进入南方市场，其在电器市场的地位得到稳固并有较大发展。海信并购科龙之后，将上市公司改名为海信科龙，如今将公司彻底改为海信家电，说明其已经将科龙完全融入海信整个家电体系中了，而从其股价表现来看，这家公司已经成为市场典型的价值股，虽然增长谈不上，但是基本上还是保住了市场份额，这样海信集团旗下就有了两家上市公司，有两个融资平台。

从以上案例来看，在战略与财务之间如何抉择，是个重要的问题。这两者间的关系，有点类似于文科生与理科生之间的相互不买账。在大学，特别是综合性大学，一般来说，理科生和文科生之间呈现比较大的差别，以致他们之间有些互相看不起。文科生觉得理科生整天在实验室，除了做实验还是做实验；而理科生觉得文科生不实在，整天做一些没有实际意义的事情。在公司里面，战略部门有点像文科生，需要对未来有所想象，有点"风花雪月"的感觉；而财务部门则有点像理科生，成天在办公室里写写算算，做一些很实际的工作。在公司里面，二者的冲突时有发生，这种良性的冲突是企业所需要的。一般来说，财务部门提供数据，提供战略落地时需要考虑的资金问题，这是关系到战略能否实现的很重要问题。而战略则决定着企业未来的发展，要有前瞻性，也需要长远的考虑。一句话，财务关注于钱是如何一点点赚来的，而战略则关注怎样做更大的事，从长远来说就是如何赚更多的钱。

战略与财务之间如果发生冲突该怎么办呢？从之前的论述来看，财务要服从战略，因为战略目标是比财务目标更高一层次的目标。这方面的例子有很多，这里举一个案例，这个案例的主角是深圳华强电子。当时深圳华强要上一个电子项目，这个项目在最初上马时，财务通过测算，在三年内是无法盈利的。但从企业的战略考虑，这个项目的上马将对公司未来电子方向的把握具有至关重要的意义。经过深思熟虑后，公司管理层下定决心上马。苏宁（苏宁易购集团股份有限公司）的战略转型也是如此。苏宁最初是一家纯粹卖电器的公司，通过大规模的门店扩张，苏宁电器迅速壮大。但最近几年，随着淘宝［淘宝（中国）软件有限公司］、京东（京东世纪贸易有限公司）的崛起，通过网上购买电器已成为司空见惯的事情，实体店都面临着向电商转移的趋势。苏宁于是在2009年开始实施战略转型，要做成亚马逊（亚马逊电子商务有限公司，美国跨国电子商务公司）+沃尔玛（沃尔玛百货有限公司，美国连锁企业）这种大的格局。而为了这个战略的实施，苏宁开通了"苏宁易购"这个电商网站，并且开始大量投资，甚至不惜高成本地通过资本市场来融资，解决资金缺口，苏宁这种财务服务于战略的意图相当明显。不过，苏宁在线下的优势过于明显，阻碍其组织架构的变革，其线上线下同价显然不可能，而其线上的效率优势显然无法与京东抗衡。令人唏嘘的是，苏宁如今已经算是彻底转型失败了，财务报告显示亏损，股价低迷。

一般来说，财务要服从战略目标，但这个服从的趋向还要考虑一种特殊的情况。战略毕竟只是对未来一种趋势的把握，而因为未来的不确定性，我们其实难以有十拿九稳的把握完全预测准确，并且做到完美。在战略目标发生错误导向的情况下，显然财务的支持越多，可能最后带来的效果越差。另外，财务在权衡短期利益与长期利益时要注意平衡，不能太冒进，若太冒进，可能最后钱花完了，还没有见到成效，企业有可能没见到明天的太阳就倒下了。当然，太过于保守，如诺基亚一样，虽然现在还赚钱，但要未雨绸缪，尽早实施战略转型。

总而言之，把握战略与财务的平衡很重要，好的战略需要财务的支持，不可太冒进，但也不能不冒进。做大事业，有大发展，出于战略的考虑有时要舍弃一些财务上的利益。一个综合的战略应该是某种程度上兼顾长远利益与短期利益之间的关系。

财务从某种程度上来说，其实也可以看成是计算成本。投资前要做好项目预算，而预算要根据历史数据进行测算，测算准确才能对项目的决策带来助益。大项目本身就是带有战略意义的。在我们管理学术界，频繁地制造概念是常事。比如在"成本管理"之前加上"战略"一词，就形成了"战略成本管理"。

战略成本管理是成本管理与战略管理有机结合的产物，是传统成本管理对竞争环境变化所作出的一种适应性变革。所谓战略成本管理就是以战略的眼光，从成本的源头识别成本驱动因素，对价值链进行成本管理，即运用成本数据和信息，为战略管理的每个关键步骤提供战略性成本信息，以利于企业竞争优势的形成和核心竞争力的创造。

如今的竞争，不光是产品与服务本身的竞争，深入到本质，其实是价值网的竞争，任何一家企业都无法独自去满足用户需求，它都要联合上下游，联合供应商和销售商一起创造用户价值。每一种产品从其最初的原材料投入到最终到达消费者手中，要经过无数个相互联系的作业环节，这就是作业链。这种作业链既是一种产品的生产过程，又是一种价值形成和增值的过程，从而形成战略竞争上的价值链（value chain）。价值链纵横交叉就成了价值网，每一家企业其实都是整个价值网中的一个节点，其节点的大小可以代表企业的实力，也代表其在整个价值网中创造价值的能力。在整个价值网中起到主导地位的企业，如果是在制造领域，又被称为主机厂。

整个价值网的表面，是一个个作业。作业影响成本，动因影响作业，因此动因是引起成本发生的根本原因。成本动因可分为两个层次：一是微观层次上与企业的具体生产作业相关的成本动因，如物耗、作业量等；二是战略层次上的成本动因，如规模、技术多样性质量管理等。当然具体的落地与举例，我们将从会计学视角展开，即从管理会计的作业成本法的视角进行具体分析。

值得一提的是，战略层次的成本动因，其实与经济学有着千丝万缕的联系，因为最终战略要奏效，一定要与资源的优化配置结合起来，如利用规模经济效应，利用边际产量递增与递减的规律，最终还是要符合经济学的基本规律，也要符合人性的基本规律。

理想是美好的，现实是残酷的。战略上要重视敌人，要善用价值观，用使命来团结员工，并将这种使命与价值观同公司的资源条件相结合，然后一孔发力，就可以产生惊人的力量。但现实又是无比残酷的，现实中的每一步可能都面临着重重困难，需要花费金钱、时间去一个个解决它。企业特别要解决现实中制度特别是合约安排上的不合理问题，同时做好成本控制。

第三章　从财务学视角看成本

从严格意义上来说，财务学隶属于经济学，这个关系是明确的。财务学的奠基人是欧文·费雪，其1890年出版的《利息理论》，可以看成是财务学的第一部著作。不过，财务学的真正系统化，是MM理论的出现。MM理论是美国经济学家莫迪格利安尼（Modigliani）和米勒（Miller）所建立的资本结构模型的简称。莫迪格利安尼和米勒于1958年发表的《资本成本、公司财务和投资管理》经典论文中，提出了最初的MM理论，当时的MM理论不考虑所得税的影响，得出的结论为企业的总价值不受资本结构的影响。此后，该理论又被修正，加入了所得税的因素，由此而得出的结论为：企业的资本结构影响企业的总价值，负债经营将为公司带来税收节约效应。该理论为研究资本结构问题提供了一个有用的起点和分析框架，也成为财务学的基础理论。

本章共分为五节。第一节为"利息"，这部分内容主要来自费雪的《利息理论》，我们将对其内容进行系统化的梳理；第二节为"资本成本"，资本成本是这一章最为重要的内容，也是从财务学看成本的独特视角；第三节为"风险与信息费用"，探讨它们之间的关系；第四节为"杠杆效应与财务杠杆"，研究杠杆的效应；第五节为"投资的解释"，这是基于前几节内容延伸出来的问题。

第一节 利 息

利息是本章的基础概念,我们将从以下三个方面进行探讨:①货币时间价值;②利息理论;③财富、利息、资本与收入之间的关系。

一、货币时间价值

货币时间价值其实是极容易引发误解的,因为这个词会让人误以为时间会产生价值。货币价值增加是因为时间吗?货币升值从表面看是因为时间而产生,比如将钱存入银行放定期,时间越长,利息越多,利息与时间的关系是正向的线性关系。但是,我们又可以认为利息与时间是没有关系的。一个很明显的例子就是,如果将货币放入一个罐子中,再将罐子埋入地下,那么埋得再久,也不会产生利息,钱还是那些钱。所以,利息是不会仅仅将钱放着就产生的。钱存进银行后,银行还要把钱贷出去,用于生产活动或项目投资,最终才可以产生增值收益。因此,所谓货币时间价值,其实是货币用于流通周转,特别是用于能赚钱的业务或项目中,才会产生价值,这个就是我们所说的利息。

货币时间价值,从表象的角度看,似乎是与时间的长短有关,但其实际上是利息。利息的本质到底是什么?为什么会产生利息?我们会在下一部分再作分解。利息的产生其实是钱生钱。但是钱为什么会生钱呢?这是因为将钱投入到会赚钱的项目中去了。

所以,"货币时间价值"这个词容易使人误解,毕竟增值的产生并不是因为时间,当然如果没有时间的跨度也无法产生价值。所以，时间只是货币发生增值的必要条件，而非充分条件。

二、利息理论

利息理论是财务学研究的基础，其形成基于费雪的名著《利息理论》。什么是利息？费雪在这本书中，提到了形成利息的两个重要原因，其中首要的是资本的回报，其次是推迟享受的奖赏。前者意味着钱能生钱，这也是我们对资本的定义，即资本就是能生钱的钱。这虽然有点套套逻辑的味道在里面，但是这可以看成是资本最为简单的定义，资本是钱，同时资本是指能生钱的钱，前一个钱即是利息。

推迟享受的奖赏，是指即时享受便是更大的收益。比如一场电影，在新上映时，往往会贵不少，后面下线了，如果在网上对外出售，我们只需要极少的钱便可以享受到；再比如我们本可以现在买东西的钱不花出去，虽然现在无法享受东西带来的价值，不过可以用于将来的消费。一个朴素的思想是，现在给你三个苹果，与明天给你四个苹果是等价的。所以，推迟享受本身即希望获得未来更多的消费，这点与投资会带来回报可以无关联。

不过，现实中的利率多种多样，这主要是因为不同的项目背后的风险收益不同，有些高，有些低，有些稳健，有些波动大。这是为什么？主要的原因认为与风险大小有关。不过，如果只是用风险来表示，也会有循环论证的嫌疑。因为利率高本身可以是一种高风险的体现，但利率高不一定就是高风险，虽然二者有极强的相关关系，但并没有严格的因果关系。比如巴菲特旗下的基金公司业绩，年均回报率近19%一直保持60多年，但是巴菲特认为自己的投资并没有什么风险，波动也不大。正确的表达是：如果一个项目要求的投资回报率比较高，往往意味着投资此项目的投资人认为这个项目风险比较大。因此高收益率而风险较低的项目或企业是极不常见的。不过，虽然不常见，但还是存在的，因此，高报酬不一定对应高风险；反过来，高风险也不一定就有高报酬，因为高风险项目也可能是颗粒无收，更别说高回报了。众多的风险投资一般血本无归就是明证。

当然，风险可以从交易费用的角度去理解，而交易费用还是可以观察的，这里的"可以观察"是指，交易费用虽然一般来说无法进行货币量化，但可以通过序数排序进行度量。因此，可以运用需求定律来分析利息以及与风险相关的现象。

另外，值得一提的是，因为利息的产生可能纯粹是因为推迟享受而带来的，所以利息并不一定要以货币变化来体现，今天的三个苹果与明天的四个苹果在用值上等价，即表明了这一点。这说明用货币时间价值来描述利息是不全面的。

最后，我们用"朝三暮四"这个成语故事来结束这部分内容。据《庄子·齐物论》中的描述："狙公赋芧，曰：'朝三而暮四。'众狙皆怒。曰：'然则朝四而暮三。'众狙皆悦。名实未亏而喜怒为用，亦因是也。"这个故事是成语"朝三暮四"的来源。本来"朝三暮四"与"朝四暮三"总量完全一样，但是猴子不懂，所以因为前面多而欢喜。但是，如果考虑时间因素，前三后四与前四后三还是有区别的，起码差了一个利息，虽然这里时间很短，但是利息还是存在的，所以换个角度来理解，猴子不是不聪明，而是太精明了。这个故事新解背后居然暗含着利息的本质内涵，实在是有些别出心裁。

三、财富、利息、资本、收入之间的关系

费雪的著作《利息理论》开篇第一句话就是"收入是一连串的事件"。这句话曾经成为经济思想史上的一个公案。针对这句话引起了不少争论，争论的原因是这句话费雪到底要表达

什么？

我们可以举一个果农种果树的例子说明，果树最后的收成到底怎么样，取决于这个果农从播种到施肥浇水、除虫害的全过程，最后才可能有所收获。过程中的每一个事件，如果果农做得不好，或是受到天气影响，果树的收成都会受到影响。这样看来，果树最后的收成取决于前面所经历的一系列事件。所以，从过程角度来看，收入是一系列的事件。

这个概念影响了很多的经济学者，我们可以说，这种对收入的理解是从过程角度去看的，除此之外，还可以从什么角度去理解收入？这里有个重要的概念叫年金收入。那么年金收入又是什么意思？首先来看什么叫年金。年金，在财务管理中是一个非常重要的概念。每个期间有固定的金额，由于我们习惯指在一年期间发生的金额，所以叫年金。而实际应用过程中，我们将这个概念进行了扩展，变成了广义的理解，就是说不同期间只要每一期的金额是一样的，就叫年金。

什么叫年金收入？年金收入是弗里德曼创造出来的一个概念。这个概念非常有助于我们去理解收入。譬如，一个人参加工作之后，按照一年期来看，他每年的收入为 20 万，此后每年都会有增长，明年 25 万、后年 30 万。这个人一生到底能赚多少财富呢？

比较难办的问题是什么呢？我们需要对他的收入进行预估，然后按照一定折现率去每一期对应折现。而弗里德曼采取了一个巧妙的办法：把一个人未来可以赚来的收入，按照一定的折现率折现回来，折现到第一期，就是还没有开始赚钱的这一期，这时就有了一个现值和；然后将现值和乘以折现率，所得的结果就被定义为年金收入。

这一理念带来了经济学中非常经典的一句话：利息是收入的全部。我们将"利息是收入的全部"拓宽来讲，应该是：利息，不是收入的局部，而是收入的全部。如何去理解这句话呢？"年金收入"是由现值和×折现率得出来的，这一结果也就类似于本金×利率。而本金×利率是什么？那不就是利息吗？所以，从年金收入的角度来理解收入，我们会知道收入的全部就是利息。所以，利息不是收入的局部，而是收入的全部。

当然这句话，我们也可以放到一般情境中去理解。也就是说，你如果有一笔钱，那你所赚取的这个收入本身都是利息，只不过这个利息的表现方式不一样而已。比如，你有100万元，并将这100万元存入银行，假定定期利率为3%，那么，你一年的收入就是3万元。但是，如果将这100万元投资建一个厂，这100万元用来购买设备和原材料、支付工人工资，经营一年后，看赚了多少利润，这个利润本身其实也是投入产生的利息。这100万元投到其他地方去，其所带来的收入，都可以看成是某种利息的表现。所以，我们这么理解这句话，也是成立的。对"利息是收入全部"的讨论，使我们更为深入地理解收入。

让我们再解释得清楚一点。资源有限，我们只能将有限的资源用在自己要实现价值的地方。这个资源最为重要的表现方式是金钱，即要花钱，也可以表现为时间，表现为人的精力，包括脑力与体力。人工作赚钱，不是因为花了时间就能赚钱，实质上，你要在一定时间内创造出价值才能去分享价值；时间只能是一个委托变量。用钱买时间，实际上是钱与时间之间的替代。虽然金钱不能买到所有物品，但是金钱本身是一个很好的价值尺度，只讲情怀是难以成事的。赚钱就是企业最大的社会责任①。因为钱就是资源的货币化表现,没有钱很难办成事。一家不能赚钱的企业,是没有立足之地的,最终也被市场淘汰。

从财务的角度出发看成本,我们不能不关注资本成本,即投入资金要考虑筹资的利率。不同的筹资合约安排,其资金成本不一样,保持一个合适的平衡资本结构,是获取更高回报率的基础。股权融资多一点,还是债权融资多一点,是企业需要考虑的一种平衡。

一般来说,债权融资多,要负担的刚性利息支出大,企业的财务杠杆加大,财务风险也加大,但是对应的股东回报率,在资产报酬率超过债务利率的前提下,会产生收益率的放大效应,当然如果资产报酬率低于债务利率,则会产生亏损的放大效应,借的钱越多,越容易陷入更大的亏损之中。这就是所谓的杠杆效应,也称为杠杆的双刃剑。

钱,货币,既是度量的手段,也是交易的媒介,是经济利益的一种体现。带来未来经济利益,最终还是要带来真金白银。当然经济利益,有些可能是无法用货币量化的,比如企业的商誉,商誉会给企业带来经济利益,但是这个经济利益可能是无法用货币来加以衡量的,或者说用货币进行量化是有困难的。再比如人才,这是企业的资产,是企业价值创造的主体,但是人才的价值往往难以量化,只能从成本的角度进行衡量,体现为应付职工薪酬。

---

① 1970年9月13日,诺贝尔奖得主、经济学家米尔顿·弗里德曼在《纽约时报》发表文章《商业的社会责任是增加利润》时指出"企业的一项也是唯一的社会责任是在比赛规则范围内增加利润。"

其实，从广义来看，金钱所不能度量的经济资源，往往可以从金钱替代的角度去衡量其价值。常见的例子是，有人说灵魂是无价的，但是每个人都有可能出卖自己的灵魂，有的人尊严之价可能是高不可攀的，有的人的尊严可能非常廉价。

一个财富总值，不仅仅由金钱构成，我认为自由也可以看成是财富，人的闲暇、亲情都可以是财富，只不过因为这些财富无法在市场上变现，所以很多人会觉得这个不算财富。

人的一生其实都是在追求自我的财富或收入的最大化，如果是广义的财富，人人都在追求，每个人都有自己的选择：选择做与选择不做这件事、选择人生的方向、选择人生价值的体现，都是一种权衡。

过程本身也可以看成是收入，当法拉第应聘戴维实验室时，戴维跟法拉第说："这份实验室助手的工作辛苦、薪水不高，你为什么还愿意来应聘呢？"法拉第说："科学本身就是收益。"法拉第的回答让戴维很满意。

一个人的财富其实是其能取得的全部收入的现值和，当然这里的收入是广义的，包括金钱、亲情、闲暇时间等。将这个总财富乘以利率，即可得到每期相同的收入，即年金收入，因为财富与年金收入之间是完全的同比例关系，所以二者等价。而人的消费其实是由其年金收入来决定的，年金收入越高，其可支配的收入越多，其消费越多。一般来说，财富要以货币加以计量，就必须有市场。如果没有市场，财富就无法存在，因为无法变现。

财富是所有收入的折现，而资本则可以看成是所有收入折现减去现在一时的收入，利息是由资本创造的。资产的市场表现可以看成是资本，资产只有进行市场化才形成资本，这可以看成是资本的具体表现形式。收入的表现形式不仅仅只有货币，非货币的收入也是收入。在考虑所有收入因素之后,人的行为莫不符合自私假设。急功近利如果能带来较高的财富,攻之为上。因为利息的存在,现在的钱将会比未来同等数额的钱更值钱,所以急功近利这个略带贬义的词,从财务学的视角来看,反而是得到认可的。

把以上分析进行归纳,可形成图 3-1 所示的关系图。

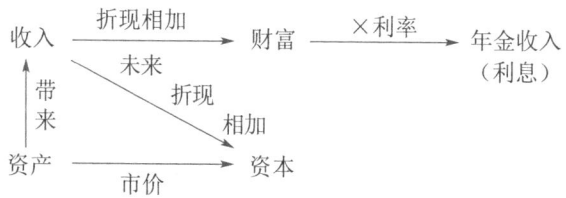

图 3-1　收入、财富、资产与资本的关系图

(注:有市场(可交易)才有财富、资本)

四、小结

这一节分析了一些基本概念,如财富、资本、收入和利息等,它们之间有着紧密的联系,把这些概念之间的关系弄清楚了,就可以从财务的视角分析成本。而这里,也蕴藏着对于一项资产或企业价值的最基本的评价方式。未来收入流的折现值就是一项资产或企业的内在价值,也即是资本,而将资本加上原始资本数就是总财富,这个财富值乘以利率,即是利息,也是年金收入。所以利息是收入的全部。资产的市价表现可以看成是资本。

第二节 资本成本

本节是这一章的重点。其主要内容来源于"财务管理"这门课程，不过在这里我会围绕资本成本的知识加以归纳与提炼。

将做企业看成是一项投资，为什么投这家企业？因为这家企业能为股东赚钱，企业能给股东创造价值。企业是如何创造更大价值的呢？一流的生意必然会带来一流的回报率。什么样的生意是一流的呢？

在我看来，公司所在的行业处于稳定成长的阶段，且行业存在着较难解决的产销不平衡的困难，在此行业中能较好解决行业困难的公司就是优秀的公司，其生意便是一流的，也是价值投资需要重点关注的公司。

如果一个行业的产品或服务有大问题或者无数的小问题，先找到解决之道的公司将会有先发优势，落后者想要后来居上的可能性较小。先进公司不断地解决行业小困难，不断积累出竞争优势时，将会形成极强的良性循环，进而积累起垄断优势和牢不可破的护城河。

其实从财务的视角看成本，很简单，就是计算投入产出比，一项投资要能为股东创造价值，是指投资的整体价值超过各部分成本之和。

比如，你花 20 万元买一个单元房，然后装修花了 2 万，你的总投资就是 22 万元。等装修完了之后，你再把房子卖出去，发现它的市场价是 25 万元，这样这个房子的市价就比成本高出 3 万元。

上面的例子中，结果就是创造出 3 万元的价值，这个结果还是不错的，不过这3万元的价值创造，是不是还有装修期间房价上涨的原因呢，这个就需要具体分析了，如果仅仅是装修之后产生的增值，这可以看成是装修管理的附加值。当然，这项投资的真正挑战是在事前能否分辨出投资这个房子是不是一个好主意，这个事前我们要做的工作称为资本预算。

资本预算的目的是提前算一下一项投资或项目一旦付诸实施，其价值是否高于成本。所以，资本预算的过程可以看作是在寻找正净现值的投资。

结合之前的利息，即货币时间价值的考虑，我们将利息换算成利率，然后将利率当成折现率，对未来现金流加以折现，并将其与投资成本相减，它们之间的差额就是净现值（net present value，NPV），这个过程又称为贴现现金流估价（discounted cash flow（DCF）valuation）。对于用净现值来判断一项资本预算能否接受，有一个基本的标准：如果一项投资的净现值是正数，就接受；是负数，就拒绝。净现值为0，在现实中很难出现，如果出现，此时还是可以接受的，因为这意味着此项目恰好可以获得等于折现率的收益率。

上述净现值法则是我们判断一个项目是否能接受的最基本准则，因为接受净现值为正的项目将使股东受益。净现值大于0的部分即是该项目所带来的公司价值的增加值。当然，折现率高低的选取将会对一个项目的净现值是否为正带来极大的影响。折现率越高，项目维持正净现值越难；折现率越低，项目维持正净现值越易。

由净现值法则出发，我们可以做一个简单的变化，即初始投资所带来的后续现金流量的现值除以初始投资额，结果称为盈利指数（profitability index，PI），即

$$\text{盈利指数} = \frac{\text{初始投资所带来的后续现金流量的现值}}{\text{}} \div \text{初始投资额}$$

这个指标看起来跟净现值是一回事,但在运用上还是有些差别。首先,对独立项目而言,盈利指数与净现值是等价的。因为净现值大于0,意味着盈利指数大于1。所以盈利指数法则就是:

对于独立项目,若 $PI \geq 1$,则可以接受,否则就要放弃。

当两个项目互斥时,只能选择其中一个,若用净现值法,则一定要选择净现值大的;若用盈利指数做判断,则得到的结论可能与净现值法不一致,因为这里存在着投入规模的问题,在没有资金限制的情况下,按盈利指数大小评价项目优劣,可能得出错误的结论。

不过盈利指数还是有其独特的妙用。当资金不足以支付所有净现值为正的项目时,公司就需要进行资本配置。此时,就需要用盈利指数对所有的项目进行排序,优先安排盈利指数更高的项目,这样才能实现总体更大的收益。因为如果只是选择净现值最大的项目,就可能出现虽然单个来看净现值是最大的,但是其可能比不上另外几个项目加起来的净现值,特别是另外几个项目的盈利指数更高时的情况。当然,盈利指数无法处理多个期间的资本配置问题。另外,多个项目同时推进时,往往会顾此失彼,无法协调,还可能导致项目后期资金链出现紧张。

当然,在现实世界中,内部收益率法是用得最多的方法,因为这个方法简单直观。这个方法试图找到一个能体现项目内在价值的数值,即折现率,使某个项目的未来现金流的折现值与初始投资正好相等。因为这个折现率本身不会受到资本市场利率的影响,是每个项目的完全内生的变量,因而这个折现率又称为内部收益率(internal rate of return,IRR)。此时就必须先确定一个必要报酬率,或者称为贴现率。如果内部收益率大于等于必要报酬率，就接受项目；如果内部收益率小于必要报酬率，就不接受项目。

理论上，这个方法与净现值法是等价的，但因为现实是复杂的，现实中的现金流往往是不稳定的，同时有一些项目还存在后期为负数的问题，内部收益率很可能出现多个数值。此外，还存在针对规模不同的互斥项目选择与净现值法不一致的情况，内部收益率法也可以用于互斥项目的排序，其原理与盈利指数法是一样的。当然，如果一个项目规模太小，就算其收益率再高，也不应该选择这个项目。就像一个拥有百亿现金的企业家，即使某个项目的内部收益率高达 50% 以上，但如果其只能投入 10 万元，显然对企业家来说，是不应该考虑这个项目的。不过，如果你的资金是小资金，此时的收益率是不需要设限的，因为小资金本来就容易有高收益。巴菲特早期投资时，因为资金量小，年化收益率都高达 50% 以上，当然这期间巴菲特其实也有大量的高频交易以及短期套利行为。这也充分说明第一桶金的重要性。小资金如果无法迅速做大，就需要考虑方法上的转变了。但是当资金上了一定的规模之后，收益率大小其实就不那么重要了，重要的是要保持稳定。

资本成本在财务管理中是一个基础性的概念，这个概念与利息（利率）紧密相关。严格来说，资本成本，特别是权益资本成本，与折现率息息相关。我们可以假设一个这样的情形：如果企业有额外的现金，是立即直接派发现金股利给它的投资者，还是将这些钱再投资于项目之中，用项目未来所产生的现金流来分红呢？显然，这取决于，股东收到这笔钱投资于某项同等风险的金融资产所产生的收益率，是不是超过企业所投入的这个项目的收益率。如果能超过，股东显然希望公司分红，当然这里还要考虑分红所得税的问题。这意味着有一个非常简单的资本预算法则：

项目的折现率＝同样风险水平的金融资产的期望收益率

事实上，我们在选择折现率时，是以同等风险水平的金融资产的期望收益率作为依据的。财务学者罗斯著的《公司理财》更是将折现率、必要报酬率和资本成本定为同义的三个术语。

理论上，有一个非常著名的资本资产定价模型（CAPM 模型）可用来估计必要报酬率，这个模型的公式如下[①]：

$$E(r_S) = r_f + \beta_S \times [E(r_M) - r_f]$$

其中：r_S 是组合 S 的收益率；r_M 是市场组合的收益率；r_f 是市场的无风险利率；β_S 是组合 S 对于市场风险的敏感度，计算公式如下：

$$\beta_S = \frac{\mathrm{Cov}(r_S, r_M)}{\mathrm{Var}(r_M)}$$

不过，值得注意的是，这个模型有一个重要的硬伤，即用看起来完美的贝塔系数度量了风险，但这个贝塔系数是用历史数据拟合得到，能否体现未来的风险高低呢？

下一节我们从风险度量、信息费用的角度来谈谈这个问题。

第三节 风险与信息费用

本节将从分析风险概念出发，联系信息费用概念，讨论财务视角下的成本问题。本节分为两部分：第一部分分析风险及其度量，第二部分探讨风险与信息费用的关系。

[①] 斯蒂芬·罗斯等. 公司理财精要版 [M]. 方红星，等译. 9 版. 北京：机械工业出版社，2011：271.

一、风险及其度量

(一) 风险的定义

什么是风险?一般把它理解为因某项事件可能带来的损失,也就是说更多关注其损失。但是作为一个从事某项目或者做某件事的个人来说,在其选择做某件事或某个项目的时候,是做还是不做,一定基于损失与收益的权衡,认为收益会大于损失,才会去做。这是最为基本的人性假设,即人都是自私的,或者说人都是趋利避害的。如此对风险的解释,只看到风险是损失的方面,显然是不全面的。

很明显,任何一件事,都有可能带来损失,只是你在衡量损失或者其可能带来的收益之后,你选择做这件事,一定是基于你预想的收益大于损失。任何事件所带来的损失,其实都蕴含着收益,而收益和损失其实都是由这件事的不确定性带来的。在任何时候,某件事的发生都是一个概率,只是这个概率有大有小而已。

从上面的分析可以看出,风险其实就是不确定性。这个社会处处都存在风险,也即处处都存在不确定性。我们需要做的是,尽可能地在不确定性的世界中,把握相对的确定性,或者利用不确定性来赚取收益。

不确定性是不可能完全消除的。现实生活中,往往会以发生的概率来衡量风险的大小,而且往往会以损失额乘以适当的概率这一数学期望来衡量风险的高低,这是构成保险机制的前提。从理论上来说,通过投保,我们可以集合所有风险厌恶者的钱来抵御某些人实际发生的风险;也就是从理论上来说,每一项不确定性的事件我们都可以通过保险方式来使得可能的损失降低甚至变得没有损失。但现实生活中,我们并不是对所有的不确定性事件都进行投保。保险未形成的主要原因是,这份保险合约不能形成合则两利的局面,或者根本收益不能弥补签约费用以及履约费用,也就是说保险合约的交易费用太高了。

在没有投保的情况下,某件低概率的事情最终发生,发生之后就成为百分之百的损失。此时,用数学上的期望值去衡量某件事情可能带来的损失就没有意义了,不确定性的事情变成了确定性事情,因为这件确定的事情的存在,风险也转变为完全可以预计出来的损失,不确定性变成确定性。因此,如果仅仅用损失来衡量风险,意味着我们没有看到背后的收益。只有等事件真正发生了,损失才真正确定。按照前面对于风险的解释,此时才有风险。但风险显然是我们在做某件事之前就需要考虑的。虽然我们说的是考虑风险,其实是考虑此件事情背后的不确定性有可能带来多大的收益和多大的损失,然后将二者加以权衡,最终做出相应的决定。因此,风险也即不确定性。

经济学家弗兰克·奈特[1]曾对风险与不确定性进行了区分,他认为,风险是指一种能经受量度的量,也即风险是可量度的不确定性,而不确定性一词的使用则限定在不可量度的范围内。如果风险是可以被度量的,那么其中的风险我们理所当然地可以通过保险来消除,此时其实也等同于没有风险了。因此,奈特对风险与不确定性的区分是没有意义的。此外,风险这一概念最大的问题在于其无法观察,也就存在无法验证的问题,适当的处理是用信息费用来替代[2],这部分内容会在后面详细阐述。下面我们从风险度量的角度来加深对风险的理解。

---

[1] 弗兰克·奈特. 风险、不确定性与利润 [M]. 北京:商务印书馆,2006:18-19.

[2] 李俊慧. 经济学讲义 [M]. 北京:中信出版社,2016:338-339.

(二) 风险的度量

对于风险,我们需要探讨的第二个重要的问题是风险可以度量的吗?如果可以,怎么度量?如果不行,为什么?

大多数财务学者认为风险是可以度量的,比如夏普等发明的资本资产定价模型(CAPM),确定了贝塔系数(β),用这个系数来度量风险。这个模型的基础是把风险称为整体风险,然后把风险区分为系统风险和非系统风险。所谓系统风险,就是所有的公司或者项目都应承担的风险;非系统风险则是公司特有风险,或只对某个项目带来影响的风险。系统风险是不可分散的,而非系统风险则可以通过建立组合的方式来降低,也即其假设所有投资者都按马克维茨的资产选择理论进行投资,对期望收益、方差和协方差等的估计完全相同,投资人可以自由借贷。基于这样的假设,资本资产定价模型研究的重点在于探求风险资产收益与风险的数量关系,即为了补偿某一特定程度的风险,投资者应该获得更多的报酬。[①] CAPM 表明,一项特定资产的期望报酬率取决于三个方面:一是货币的纯粹时间价值;二是承担系统风险的回报;三是系统风险的大小。这最后一项是通过 β 系数来计量的,也即一项特定资产相对于平均资产的系统风险水平,便是该资产的 β 系数。也就是说,β 系数显示了某项资产相对于市场的波动程度。波动程度越大,β 系数越大,风险也就越大。

只可惜,CAPM 模型所需要的假设条件实在太苛刻,在现实生活当中是无法实现的。此外,我们在计算 β 系数时,一般只能以过去的数据作为基础,对于现在以及未来发生的风险变化,β 系数并没有考虑,以过去的 β 系数来衡量未来的风险,显然并不

---

① 斯蒂芬·罗斯等. 公司理财精要版 [M]. 方红星,等译. 9 版. 北京:机械工业出版社,2011:265-272.

能真正准确地推测出风险的高低。

而且，CAPM 模型存在着一个致命的缺陷，这个缺陷直接导致这个模型几乎无任何实际意义，那就是我们需要知道 β 系数是多少。显然，如果我们真的知道风险高低，其实也不需要 β 系数来计算所谓的报酬率了。也就是说，如果我们真的已经测度了 β 系数，就知道了风险高低。这里的悖论在于，如果我们已经测度了风险，那么风险就不存在了。

实证研究也证明了这一点。当法玛（Eugene Fama）和弗兰奇（Kenneth French）研究 1963—1990 年期间纽约证交所、美国证交所以及纳斯达克市场（NASDAQ）的股票回报时发现：在这么长的时间里 β 值并不能充分解释股票的表现，单个股票的 β 系数和回报率之间的线性关系在短时间内也不存在。他们的发现似乎表明，CAPM 模型并不能有效地运用于现实的股票市场内。[1]

实际上，这个模型的应用注定是无意义的。β 系数的计算可以通过历史数据资料得到，但现实的 β 系数应该通过现存的数据来计算，而过去的风险高低并不能代表未来的风险高低。未来项目的前景与过去已经发生的事情并没有直接因果关系。更可靠的方式，应该是我们要用边际分析法去分析可能发生的局限条件的变化，加之以预期的考虑，同时辅之以需求定律的分析，找到关键的成本数据。显然，这需要多方面的信息的支持，为了更确切地了解不确定性，需要付出更多的信息费用。对于局限条件，我们还要仔细考虑其发生的时间段是短期的效应，还是长期的发展。

长期因素是决定资产未来发展趋势变化的最为关键的因素，这是一个长期变量，如果条件均满足，则意味着，未来的此项资产向上增长与发展就是大概率事件。中期因素则决定着资产中期

---

[1] Fama E F, French K R. The cross-section of expected stock returns [J]. Journal of Finance, 1992, 2: 427–465.

阶段的资产价格变化情况，这当然也会存在事件驱动的影响。中期的资产价格当然只是长期价格表现的一部分，这一部分的表现当然不可能撼动长期的趋势，但最终会体现为资产的不同持有者之间的财富分配问题。而短期因素对资产的影响较小，虽然不排除其价格发生剧烈波动的可能性，但从大的资产价格趋势图来看，如果未来向好，近期资产价格的非理性下跌将带来真正的中长期投资的机会。其风险高低可能取决于资产本身的内在价值，也即取决于资产本身的未来发展。未来发展好，则长期风险其实是相当低的。用短期价格的巨大波动来计算 β 系数，显然是陷入巨大的误区中，不是价格的波动带来巨大的风险，而是未来没有希望才带来真正的风险。不符合未来发展趋势的公司也是如此，而没有长期稳定现金流支撑的资产，最终的结局无疑是破产。当然，现金流的生产可以拉长的时间会变得更长，比如亚马逊，十年不盈利，当然这个例子还不算极端，因为它还是会产生巨大的现金流，只是它把大部分赚来的现金流全部投往未来可能产生巨大收益的项目。因此，用 β 系数来衡量风险犯了后此谬误，其作为测度风险的功能就没有什么意义了。

在现实的投资实践中，众多投资大师的实践已经证明，有效市场理论以及所谓 β 系数对风险的度量是没有意义的。巴菲特认为大多数市场并不完全有效。资本市场实际上不足以有效地使 β 系数有意义。巴菲特更是尖锐地指出了 β 系数的荒谬性，他说："一个相对市场已经陡直下跌的股票……在低价位时比它在高价位时变得更有风险了，这就是 β 系数得出的结论"。[①] 这个结论显然不全面，对于真正具有长期趋势价值的资产来说，短期的剧烈下跌反而是投资的大好机会。

---

① 沃伦·巴菲特. 巴菲特致股东的信：股份公司教程 [M]. 陈鑫, 译. 北京：机械工业出版社，2007：17.

风险高低的度量无法观察，也无法验证，一个最为基本的推论是：从风险的定义出发，如果风险为不确定性，那么，我们显然不可能对不确定性进行度量。因为如果能度量，也就意味着不确定性转为确定性了，此时风险就没有了。

综上，我们从风险的解释及度量的角度对风险进行了详细分析。得出的基本结论是风险为不确定性，风险度量存在着悖论，用 β 系数进行度量是没有意义的。那么如何来解决这个问题呢？信息费用或许是解决之道。

二、信息费用

信息费用在经济学中是一个相当重要的概念。自经济学家乔治·斯蒂格利茨在 1961 年发表有关信息经济学的论文之后，信息经济学成为经济学的一大分支。

信息的获取要付出代价，称为信息费用。信息费用显然在一人世界当中也存在，比如鲁滨孙在孤岛上也需要了解钻木取火、狩猎动物等知识①。但进入社会，信息费用多数表现为交易费用了。不过，仍然有一种情况，信息费用不是交易费用，即不同人对某事某物存在信息不完全，但不存在信息不对称。在信息不完全的情况下，人们会倾向于多收集信息，但理论上均衡的情况是人们选择支付相关的信息费用，以使自己从无知变得有知，直到多知道一点儿信息的边际收益与边际成本相等为止。② 获取信息需要付出成本，使得我们当然不可能无限制地获取信息，这样我们处在信息不完全的状态当中就是必然的。当然，新出现的技

---

① 哈耶克在其 1945 年的经典论文《知识在社会中的应用》中的知识其实与信息基本是同义的。

② 李俊慧. 经济学讲义 [M]. 北京：中信出版社，2016：327.

术,比如搜索技术的改善,将极大地降低获取信息的成本,使得社会整体的信息不完全程度大大降低。

不过,在社会当中,信息不对称的情况是普遍存在的,不同的人获取相同的信息进行决策,往往会产生不同的行为,最终的收入也完全不一样。比如,一家上市公司公布半年报,业绩大增200%;有的投资者认为业绩大增,股价当然要涨,于是买入;有人却认为,目前股价已经体现了业绩的增长,这叫作"见光死",那就赶紧卖出股票。最终股价的表现如何决定着这两类人的收益。

信息是稀缺的,因此其也有价格。在资本市场中,一份研究报告往往是股价上涨的催化剂;而有些先知先觉的投资者在了解公司未来有一些重大的利好将会公布,提前买入公司的股份。等信息公开后,股价已经上涨了再抛出,这赚取的差价也可以看成是信息的价格。信息给掌握它的人带来收入,我们称为信息租值。当然信息的租值或收入很多时候不像房子这类资产一样简单地靠出租或出售就能获得,这是因为拥有信息的人一旦把信息告诉了不知道的人,后者就会假装他早就知道该信息而拒绝付钱。也即信息多少带有共用品[①]的性质,它比起普通物品来说,更难以直接地进行买卖或租用,信息的产权较难得到保护。[②]

在现实当中,我们对信息的保护往往是设法把信息具体化为有形的物品,而专利法和知识产权法则是通过把信息(技术、知识)具体化为物品,然后对物品进行保护来实现对信息产权的保护。

---

① 共用品,其英文对应为 public goods,一般国内翻译为公共物品,但其实 public goods 对应的是 private goods,所以翻译成共用品更加合适。

② 李俊慧. 经济学讲义 [M]. 北京:中信出版社,2016:330.

另外，有大量的人靠赚取信息租值来生存。比如房产中介，就是通过撮合买房与卖房的双方，以及其掌握着更为准确的房价信息来获利。再比如证券公司的行业分析师，就是通过撰写报告的方式来提供更多的行业相关信息及公司分析，通过提供相关的分析报告来获利，分析师进而赚取报酬。

用信息费用来度量风险是可行的：一方面，信息费用一般是可以观察的，也是可以验证的；另一方面，信息恰恰是用来解决不确定性工具的，有了信息，不确定性很容易就变成了确定性。

第四节 杠杆效应与财务杠杆

一、杠杆效应

杠杆原理，或者称为杠杆效应，其最早的发现者无据可查。但是，阿基米德的名言将这种杠杆效应表现得淋漓尽致。阿基米德说"给我一个支点，我能撬动地球"，这是何等的气势。而中国成语中"四两拨千斤"正是表达这一意思，只不过阿基米德表达得更夸张。在现实生活中，我们找不到这样的支点，而且我们找不到材料来建造这么长的杠杆。这正如现实生活中，理论上杠杆放得足够大，资金的增值会非常惊人，但是其风险也被无限放大。恒大集团有限公司（以下简称"恒大"）在加杠杆的路上夺命狂奔，导致产生了恒大难以承受的巨大风险，最终破产就是其必然的归宿。

杠杆原理已经充分应用到企业的经营实践中。一般来说，企业面临着两类风险，一类是经营风险，另一类是财务风险。前者对应的是经营杠杆，后者对应的是财务杠杆。既然都叫杠杆，二者的共同点在哪里呢？或者其杠杆效应是怎么来的呢？答案是一项固定性的支出或者刚性支付的存在。对于经营杠杆而言，如果一家企业的固定资产、无形资产等这些具有长期性质且较难变现的资产比较多的话，其经营杠杆就会比较高；而对于财务杠杆而言，这其实是负债的存在，或者更准确地说，是有一项刚性的利息需要支付而导致的。也就是说，重资产的企业其经营杠杆比较高，有息负债多的企业其财务杠杆比较高。

杠杆是把双刃剑，用得好可以给企业带来更快更多的收益，用得不好则可能使企业陷入万劫不复之中。虽然高杠杆带来了高收益，但高杠杆也带来了高风险，风险与收益的匹配性是天然存在的，如果以更低的风险实现较高的收益，其实说的就是超额收益率。要做到这一点，你要有相应的匹配的租值去与之相搭配。企业的发展步子迈得太快，杠杆用得过高，就有可能被拖垮。模式再好，也无济于事。更为安全的做法是，不用杠杆。巴菲特后期的投资模式中，很重要的一条，就是不仅不用杠杆，而且是常年拿着巨额的现金。

二、财务杠杆

对于企业而言，财务杠杆应用得越高，对企业 ROE（净资产收益率）的贡献越大。在杜邦分析体系中，对 ROE 带来影响的三大要素之一便是杠杆系数，这杠杆系数是简单地以资产负债率作为基础计算的。也就是说，企业的负债越多，其杠杆系数越大。从综合的角度看，这杠杆系数便是企业运用杠杆大小的体现。当然，因为不同行业的资产负债率具有本行业的特征，因此我们不能一刀切地认为，杠杆系数高就意味着经营不安全，还要结合本行业企业杠杆系数的高低来分析。

比如房地产行业，其杠杆系数普遍较高，资产负债率甚至高达90%以上，稳健如万科，其资产负债率也在80%以上。一般来说，资产负债率高过60%，会被认为杠杆用得太足，风险较大。但房地产行业当中最稳健的万科，其资产负债率都远远高于60%，又作何解呢？中国的房地产公司为了获取更大的市场份额，都采用了高周转高杠杆的模式。为了分辨房地产行业不同公司的真实负债率与杠杆水平，我们往往会计算其净负债率：

净负债率 =（有息负债 - 现金）÷（股东权益 - 永续债）

以上公式说明，净负债率并不是笼统地等于总负债除以总资产，而是通过需要付息的负债超出企业现金的差额大小来确定公司的负债率水平高不高。而又因为考虑到有些公司还发行了永续债，所以在分母中还将其进行了扣除，也就是一家公司发行的永续债越多，其净负债率就越高，毕竟分母变小了。

再比如格力电器的资产负债率超过60%，曾经有媒体报道其资产负债率太高，经营不稳健，但媒体这样说显然是缘木求鱼，不知变通，也不懂格力的商业模式所在。因为格力是采取预收账款的方式进行货款的结算，其预收款高达数百亿元，而预收账款在会计上是处理成一项负债的，也就是格力先收了供应商的钱，之后再给货。这样加上预收账款之后，格力的资产负债率一下子高了。显然这项负债并不给企业带来现金流周转问题，只要格力能正常保质保量地将空调生产出来就可以了，其因为预收账款中负债的比重较大，导致资产负债率过高就不是什么问题了。

适当的杠杆对企业而言，可以实现更快的发展，也能获取更高的收益，企业只需要保证其净资产收益率能超过借款利率，就可以获得杠杆收益，而如果可以以更低的借款利率借到钱，那么对企业的稳健发展是非常有利的。万科的借款利率一般为4%～

5%，而恒大则在10%以上，光从借款利息成本来看，万科显然更为稳健，也越可能在恶劣的环境下活下来。

对于企业来说，如果要提高 ROE 水平，通过加杠杆的方式是一个途径，但是杠杆加得太多，资产负债率必然升高，资产负债率越高，公司对外借钱的利率也必然升高，借钱利率升高，企业的销售净利率必然下降，因为经营成本必然上升，特别是财务费用上升会变得非常明显，进而影响到净利润。

不过，就 ROE 中高杠杆的来源来看，杠杆系数是与资产负债率成正比的，这是从报表角度来看的资产负债率，这里的负债是从广义来理解的，即其是站在企业这一会计主体的立场所需要承担的义务，而非仅仅是欠别人的钱，这样企业的应付账款、预收账款都是负债，但这两类负债显然不是欠银行的钱。这样，如果企业的高杠杆是来源于企业经营过程中，这往往体现了企业在整个生产的供应链中占据着更为强势的地位，此时杠杆如果升高，往往意味着企业利用这两类负债的规模在扩大，其供应链的效率其实是在提升的。所以，要先对企业的负债进行分类，然后对各类负债分别进行分析，才能判断企业负债率的变化规律以及对企业经营的影响。

企业通过预收款连接着经销商，利用预收款的合约安排让经销商提供未来销量的信息，这信息很重要，特别是在一些产销不平衡的行业，更是如此。如果企业能多利用预收款，其金额不断提高，且其销售收入的比重也会提高，则杠杆系数的提高，显然是极为良性的。更高的预收款意味着更容易获得产销量的信息，更容易备产与备料，企业的整个生产过程就更加平稳有序，由此也就能产生更大的规模经济效应，其供应链的采购成本就能降低。

应付款的增加,则体现整个行业供应链中的增加值是在向主机厂(供应链的链主企业)转移,同时体现在更长的应付账款周转天数中,因为这是通过占用上游供应商的款项来经营,账期的增加,从侧面说明上游供应商对主机厂更加依赖。

这样,如果企业的高杠杆来源是来自预收款和应付款,显然我们可以考虑将此项供应链的掌控能力用财务指标来加以显示。有没有综合性好的指标来表示这一点呢?我觉得是有的,我们可以计算如下的金额(可以将其称为供应链保障金额):

供应链保障金额=(预收款+应付款)-(应收款+预付款)

这个金额越大,代表企业掌控上下游的供应链的能力越强。如果要便于不同企业之间的比较,还可以将此指标换算成倍数,即供应链保障倍数:

供应链保障倍数=(预收款+应付款)÷(应收款+预付款)

这个数值越大,即倍数越大,其利用经营杠杆的能力越强,企业对供应链的掌控能力也越强。我将其称为供应链掌控能力倍数,因为此项倍数较大时,其带来的杠杆系数较高,此类企业其杠杆是良性杠杆,基本上不会有什么偿债风险,由此带来较高的 ROE 水平,这方面的典型企业有格力电器、贵州茅台、视源股份等。如果我们发现这样的公司,其估值还算是比较合理的,那么就是理想的投资标的了。企业的这种供应链掌控能力往往是经过多年的市场竞争形成的,会形成企业较为稳定的租值,是长期价值投资的重要标的。

总之,财务杠杆效应即是企业利用负债来经营企业,这种负债不仅表现为企业借款,还可以表现为预收款和应付款的增加,不过借款的增加导致企业的财务杠杆必然上升,具体表现为财务杠杆系数变大。对企业来说,如果融资成本比较低,可以考虑加大杠杆，因为借款利率低，资金的机会成本低，在选择项目上就有更大的选择余地，只要项目的投资回报率超过借款利率，即可投资。合理地利用财务杠杆，可有助于企业经营业务的快速扩张。当然借钱借得越多，负债率上升也越快，即使其前面的借款利率不高，但是随着负债率上升，其再向外借钱的利率必然上升，所以财务杠杆加到一定程度，要轻易实现杠杆的正向作用就困难了，所以，还是要合理利用财务杠杆，保持一个合适的资产负债率。

第五节　投资的解释

一、投资的三个层面

什么是投资？简单来说，就是资金的投入或投入资金。首先从广义的角度来说，其实我们做任何事情，所需要投入的时间、精力、脑力或者金钱，都可以看成是投资。比如在某项技能上花上大把的时间，是投资；晚上早点休息，以便第二天有更充沛的精力，是投资；为了某个项目尽早完工而透支休息时间，是投资；为了使企业有更好的发展，把钱投到购买先进设备和聘请更优秀的人，是投资；为了自身未来有更好的发展，积极地结交朋友，也是投资。这样看来，我们为了未来有所收获而在现在投入的时间、精力、脑力和金钱，是广义的投资。投资其实是放弃今天的消费来换取明天的消费，是一种权衡未来的消费轻重的行为。

广义的投资最后比较明确的体现是投入了多少时间或者金钱。因此我们可以把投入的时间或者金钱这些比较容易衡量的投资，称为中观的投资。一般来说，投入某项技能的时间越多，技能就越熟练，时间的投资转变为出色的技能。比如工厂工人经过长时间的练习，能更快更好地掌握焊接技术。当然这项焊接技术的熟练，还需要有灵巧的双手和机器的投入。背后的支撑是，企业需要先投入金钱购买设备和聘请员工。

狭义的投资当然是指投钱①了。我们把钱投入到某个项目中，投入到机器设备的购买中，投入到原材料的购买中，投入到聘请人才中，投入到企业中。投入的任何资金，其实都有代价，也即资金成本。一般把资金购入资产后的市场化，称为资本，此时资金成本就转变成资本成本。资本意味着其可生利，依赖于本，就可以生出利息来。

二、投资与信息的关系

不确定性最为主要的特征就是指向未来，就是在事情未发生之前，存在着不确定性。投资，就是把钱投到相应的不确定的事项中，这个不确定的事项最终可能带来收益，也可能带来损失。我们在投资之前，一般会对可能产生的收益和损失进行比较，在判断可能的收益会大于损失时，我们才会投资。显然，要进行这项比较，需要大量的相关信息的支持，信息越多，信息的分析越出色，我们对不确定性的把握就越强，最终获取收益的可能性越大。

但是投资之后，到底结果如何，取决于诸多的不确定性因素最终转化为确定的因素，最终投资的现金流转变为未来的现金流，这之间的差额部分一般分两部分，一部分是正常的利息收

---

① 钱、货币、资金在本章论述中是一个意思。

益,另一部分是超过利息的盈利①。确定的利息一般是行业的平均利润,取决于整个行业的不确定性;而盈利则主要来源于承担不确定性的未来带来的收益,这里面还有运气的成分。也就是说,投资的收益其实来源于不确定性的承担。"富贵险中求",这句俗语显然包含着最高的投资智慧。有时冒一定的险是必要的,因为未来充满着不确定性②,而你的眼光③会帮助你很多。好的投资人可以看到不确定世界中的确定机会,特别是那些相对比较长远的因素往往需要时间来证明,也需要等待时间的玫瑰绽放于未来。这个过程往往是曲折的,在最初的时候比较难以让人看清,这也正是远见的价值所在。

投资意味着冒险,其实是指在不确定性中寻找可能的确定机会。投资又并非完全是冒险,投资的背后是你需要对企业或者项目进行深入的了解,了解企业的未来,了解项目的未来,这当然需要我们大量地搜集数据,从海量的数据中提炼出信息,从信息中去挖掘价值。而所谓的未来,也就是其未来是不是会给你带来足够的收益和现金流。真金白银的投入最终要带来真金白银的产出。企业的所有业务可以变成一项大的生态,如果做某项业务是亏损的,但是可以带来整个生态的巨大收益,这显然是划算的。还有一种情况就是,你在初期可能投入巨大的现金流,而且是源源不断的投入,也看不见半点收益,但你独特的商业模式最终形

---

① 注意盈利与利润之间是有着根本区别的。前者是没有规律可循的,也就是说经济学没有盈利理论。而利润的背后其实就是利息的一般化。

② 虽然有更多的信息支持可以明显地降低这种不确定性,但我们不可能等所有信息都搜集齐全再做决策,有时必须要有冒险精神。

③ 很多资深投资者都强调眼光,对应的英文单词是 vision,有时也会被翻译成"远见"。

成独特的盈利模式，进而带来最终的现金流①。投资者应该目光远大，短期内可能只见投入未见产出，但如果有光明的未来，也可以大手笔投资。这样的投资其实是在押注未来。这种投资需要眼光，需要运气，也需要用现实的信息来减少不确定性，比如计算其销售收入的增长率和用户数的增长率，计算一些财务指标的变化趋势，以推测相对比较遥远的未来。

三、投资与投机

有人认为，投资与投机是没有区别的，因为都是投入资金。但是二者的本质显然是不一样的。我们需要对二者进行详细的区分。在不确定的情况下，它们都有押注的意思，但二者之间一个最大的区别在于，投资是一种正和博弈，而投机则完全是一种零和博弈。众多的资金拥有者把钱投入到公司中，也就是买入股票。投资是指你参与公司的未来，把资金交给公司的管理层去打理，希望他们能帮你好好利用你的资金，如果公司的确是有未来的，那么你的资金就会有比较丰厚的收益，你的资金投入最后就会随着公司的成长而增长，因此，长期投资者理论上都可以从成长的公司中获得收益，而不会损害其他人的利益。这是一种投资人与公司之间的利益共享。

而投机则不一样，在公司股价没有变化的情况下，在每天的

---

① 这方面典型的例子不少，比如阿里巴巴在最早成立之时，只为了实现"让天下没有难做的生意"的梦想，拼命烧钱，但盈利模式一直没有找到；在拥有海量的用户之后，终于找到了用户竞价排名以及广告等增值手段。再比如腾讯公司通过对 ICQ 的模仿，做出一款 QQ 软件 OICQ，专注于人与人之间的连接，但是在成立之初一直没有找到盈利模式，还一度因为资金紧张想把公司卖掉，但是 100 万元也没有人接盘。后来找到增值模式，公司逐渐发展壮大，现已经成为互联网巨头。

波动当中，你投入资金产生的亏损变成他人的收益，或者是你的收益来源于他人的损失，这就是典型的在赌桌上有人输钱、有人赢钱的局面。投资和投机不取决于时间，但其实和时间有着某种关系，一般来说，投机是短期的，投资是相对长期的。当然投资与投机都会利用市场的非理性下跌的机会，在非理性下跌时买入而获利，都是对不畏恐慌、勇敢且充满对未来的自信以及独特眼光的奖赏。

四、成功的投资

投资的成功，意味着在不确定性的世界中看对了未来，是对眼光的褒奖，是对仔细分析与搜集信息这项具体工作的回报，也可以看成是信息带来的回报。当然，从数据中提炼信息，是一项重要的工作，在此基础上，依赖信息做出了正确的投资决策，最终获得满意的回报。投资的成功，意味着在不确定性中找到了未来发展的规律，并且详细地分析其中的规律，以及运用其中的规律。

投资可以是直接的，也可以是间接的。直接就意味着你把钱直接去购买相应的资产，并进行资产的组合来产生收益，比如投资购买了房产，然后租出去收取租金；或者你自己成为企业主，把钱投入到购买企业运作所需要的资产中。当然投资也可以是间接的，间接的就是你将钱借给他人或企业，进而收取相对比较固定的利息；还可以购买公司的股票，成为公司的股东，此时投资收益取决于所投公司是否是一家真正有未来、成长型的公司，公司有未来，你的钱才有未来；公司有人才，人才有合力，干任何事情才会有更大成功的可能性。投资即投未来，但公司的未来在某种程度上，又取决于公司的管理团队是不是有眼光，是不是有进取心,是不是真正的企业家,敢于承担责任去探索未来,去承担不确定性,去勇敢地面对可能的困难。因此,投资也可以认为是"投人"。"投人"也分为两种:一种是找到具有投资眼光的人,然后跟着他来投资,或者直接将钱交给他去打理,比如把钱交给巴菲特、索罗斯;另一种是去分析公司的人才团队,特别是公司的创始人,去分析他是不是真正的企业家,是不是具有创新精神。"投人"也需要有眼光,也需要有真正的投资精神。

五、互联网时代下的投资变化

在互联网时代,一切都在发生着巨大的改变。互联网思维在当今大行其道。互联网思维是一种全新的思维,这是与工业时代完全不同的思维。首先,它们的立足点就完全变了,工业时代,强调分工,强调机械化,强调流程,强调效率,强调的是面临相对比较确定的环境;但是在互联网时代,一切都变了。特别是移动互联网的到来,信息以及资金的获取变得更加容易与便捷。信息费用的降低甚至会导致一些经济学规律失效,比如价格歧视现象大为减少。

互联网时代的到来,信息的生产能力越来越强,生产的信息越来越多,信息搜索成为一项重要的能力,当然信息的分析能力依然重要。信息的传播速度变得极快,信息的传播在互联网时代毫无滞碍,地球已经变成一个村落。互联网的本质是连接,信息也通过这种连接变得四通八达,信息费用大大降低。

那么,互联网时代的到来,有没有改变投资的本质呢?答案是没有。前面说过了,投资其实就是投未来。如何更好地看清未来,我们需要信息来解决不确定性的问题。互联网时代的到来给我们更多的信息,更快的信息传播,显然会更有助于我们解决不确定性问题。此时，我们对未来当然也可以看得更为清楚。不过互联网时代的到来，带来更加不确定的世界，因为工业时代的思维已经不管用了，代之以互联网思维。互联网大大减少了信息不对称的现象，也使得合约的签订和履行变得更为容易。工业时代的理论与思维在互联网时代下的运用范围不断缩小，这如同牛顿三大定律只能适用于大物质低速情境一样，工业时代的理论与思维只适用于传统的工业企业。互联网时代的到来，不仅仅对公司产生重要影响，也对管理理论、投资理论带来不小的冲击。君不见，一家叫亚马逊的公司，曾经十年亏损，却依然保持着庞大的市值[1]。在互联网时代下，如何对公司进行估值，显然不能用传统的市盈率[2]理论，因为负的市盈率是没有意义的。

　　互联网带给传统企业更大的冲击。曾几何时，我们认为出租车为人们出行提供了便利，是一个不会消亡的行业，但随着手机和移动网络的普及，滴滴打车以及优步这些打车软件的出现，使出租车这个行业迎来巨大的变革。在这种形势下，公司的未来变得更加不确定了。认清互联网时代给我们带来的巨大变化，是我们认识未来必须考虑的事情。人如果更加注重连接，拥有更多连接节点就会有更大的价值，其在互联网时代就会变得更为重要。每个人都要拥抱互联网，因为互联网代表着未来。投资当然也要考虑拥抱互联网带来的变化，因为未来与互联网息息相关。

　　当然在互联网时代，投资需要解决的问题与投资要做的事情在本质上并没有什么不同。就像众多的互联网企业，它们不会改

---

[1] 截至 2024－04－17 亚马逊的市值为 1.89 万亿美元（资料来源于 www.xueqiu.com）。

[2] 市盈率即以股价除以每股盈余，相当于一个倍数。若公司每股盈余为负数，则此指标显然失效了。

变商业的本质，企业的最重要目标还是创造用户价值，所以互联网企业和传统企业的目标一样，都是创造用户价值①。企业在为用户创造价值的过程中也给自己带来价值。应该说，互联网公司并没有改变这些，但是互联网企业显然能通过更好的互联网手段来满足用户的需要，为用户创造更大的价值。这样看来，互联网公司对传统公司的颠覆是存在的。传统公司都要向互联网转型，或者实现线上与线下的结合。这时，我们投资这些公司时，就不能只看传统的财务数据与指标，而应该紧跟互联网带来的变化，我们在给一些初创公司估值时往往可以考虑用户数、销售收入、点击率这些更为简单的指标。

互联网给工业时代企业带来深刻的颠覆性改变，以致传统企业若不改变，就会有互联网公司来改变它。互联网公司超时空地连接资源，可以使资源得到更充分的利用，而相应的代价却更低，以更低的成本带来更大的收益，其在与传统企业的竞争中当然屡战屡胜。互联网公司的降维打击，互联网公司的社会化营销，互联网公司的自组织系统，以及通过连接之后产生的巨大能量，不会改变投资的本质，但会改变传统公司从事投资业务的方式。传统的投资公司也需要拥抱互联网，从思维、组织形态各个方面融入互联网时代的变革当中。

六、结语

综上所述，从风险的角度来看，投资其实是一项冒险的事业；但从不确定性的角度来看，投资其实是要在不确定性中把握未来的相对比较确定的机会。当然这两点都容易陷入套套逻辑

---

① 这一点在管理学大师彼得·德鲁克的书中多次强调过。

中。因为风险本身无法观察，也就无法加以验证。从信息费用的角度，我们可以找到一条更为简洁的、理解投资本质的道路。投资需要我们将数据转化为信息，同时要在信息的分析中找到价值。有更为充足的信息，且有基于充足信息之上的价值分析，才是投资的关键。我们在分析公司经营状况时，不应该仅仅看传统的财务指标，而应该关注一些更能体现企业增长的指标，如用户的增长。我们在分析公司财务数据时，要充分考虑公司的愿景，考虑公司创造用户价值的能力。因此，在判断公司的未来时，我们要以更有远见的态度来对待。

第四章　从会计学视角看成本

前面通过三个学科视角分析成本后,我们最终要细化落实,而会计学视角就是从细化方面进行分析。本章分为五节,第一节是成本会计,第二节是成本核算,第三节是本量利分析,第四节是成本决策,第五节是作业成本法。

第一节　成本会计

"成本会计"是会计的核心课程之一,什么是成本会计呢?成本会计,到底是成本+会计,还是成本的会计呢?我认为是后者,即"成本会计"是对成本进行核算、进行成本决策而专门开设的课程。

其实严格来说,"成本会计"可以看成是从"管理会计"中分离出来的一门课程,这一点可以从"管理会计"与"成本会计"这两门课程有不少交叉重复的内容看出来。究其原因,是因为管理会计是为管理服务的会计,而成本管理也是管理的一部分,成本决策是整个管理决策的一部分。

成本会计是在市场经济条件下,为求得产品的总成本和单位成本而核算全部生产成本与费用的会计活动。市场经济需要成本会计的核算,而成本会计最主要的目的是计算成本,特别是计算产品的单位成本,这是我们进行产品定价决策的基础。

现代成本会计有一些新的变化。现代成本会计是在继承传统成本会计基础上发展起来的一种新型成本会计,是传统成本会计在物价变动环境下的延伸和拓展,将成本核算与生产经营有效结合,具有不同于传统成本的会计程序和会计方法,可随经济环境的改变而及时反映资产价值的变化,具有高度的决策相关性。

现代成本会计讲究的是环境适应性,针对更为复杂的经济环境变化而将成本核算与生产经营紧密结合,进而提高决策相关性。

成本会计可以看成是从管理会计中分离出来的,所以本章内容与前述从管理学视角看成本,就有了一定的联系,当然,我们前面主要是从战略层面去分析与研究成本;而本章则是深入细节,从成本核算的细微处着手,先记录好,然后在此基础上运用一定方法进行分析。

第二节　成本核算

从会计的角度看成本,即是成本会计需要解决的问题。而成本会计的基础是成本核算。

在进行成本核算之前,我们要对成本这一概念从会计的角度进行剖析。

会计中的成本定义与费用相关,也即我们首先要定义费用,才能解决成本概念问题。什么是会计中的费用?对于这一点,会计准则中的规定是明确的,费用是会计要素的一类,是指企业在日常活动所发生的、会导致所有者权益减少的、与向所有者分配利润无关的经济利益的总流出。这个定义意味着费用包括了成本。从会计的角度来看，成本可以看成是对象化费用，所谓对象化即是将费用对象化于具体产品之中。为什么要对象化于产品之中呢？原因是我们要围绕产品成本进行相关决策。

从整个成本核算的过程来看，无论采用哪种成本核算方法，其经历的步骤无论多么复杂，成本核算的最终目的是算出单位产品成本。

当然，我们要核算成本，特别是核算制造型企业的制造成本，就需要对成本的构成进行区分。一般地，成本分为制造成本与期间费用，前者是由生产成本、制造费用组成，而后者则是指在某一段时期内发生的，但与生产过程没有直接关系的费用支出，主要包括管理费用、财务费用、销售费用与研发费用。

生产成本又可以分为直接材料、直接人工与其他直接支出。这些都是直接与生产相关的，目的是算出直接与生产相关的成本；至于制造费用则是与生产活动间接相关，比如车间管理人员的薪酬支出、机器的折旧费用等。

成本核算的过程分为如下四步：

首先，对企业的各项支出进行严格的审核和控制，并按照国家的有关规定确定其应否计入产品成本、期间费用，以及应计入产品成本还是期间费用。

其次，要正确处理费用的跨期摊提工作，正确划分各月份的费用界限。

再次，将应计入本月产品成本的各项生产费用，在各种产品之间按照成本项目进行分配和归集，计算出按成本项目反映的各种产品的成本，正确划分各种产品的费用界限。

最后，对于月末既有完工产品又有在产品的产品，将该种产品的生产费用在完工产品与月末在产品之间进行分配，计算出该种产品的完工产品成本和月末在产品成本，正确划分完工产品与在产品的费用界限。

经过以上四个步骤之后，我们才可以算出单位完工产品的成本，这个成本数据可以为我们确定产品价格提供依据。

从具体的操作流程来看，成本费用的计算分为如下 6 步：①各项要素费用的分配；②摊销待摊费用，提取预提费用；③分配辅助生产费用；④分配制造费用；⑤结转完工产品成本；⑥结转各项期间费用。

这是从会计核算的流程来看整个产品成本的核算全过程。至于成本核算方法的选择，主要有以下几种：

（1）品种法。以产品品种为成本计算对象的产品成本计算方法，适用于单步骤的大量生产，也可用于管理上不要求分步骤计算成本的多步骤的大量、大批生产。品种法是成本核算方法中最基本的成本计算方法。

（2）分批法。以产品批次为成本计算对象的产品成本计算方法，适用于单步骤的小批、单件生产，也可用于管理上不要求分步骤计算成本的多步骤的小批、单件生产。

（3）分步法。以产品生产步骤为成本计算对象的产品成本计算方法，适用于管理上要求分步骤计算成本的大量、大批的多步骤生产，也适用于管理上要求分步骤计算成本的小批、单件的多步骤生产。

生产按不同的标准有不同的分类，而不同的生产方式，其成本核算的流程会有所差别。按工艺过程来分，生产可以分为单步骤生产和多步骤生产。

（1）单步骤生产亦称简单生产，是指生产工艺过程不能间断，不可能或不需要划分为几个生产步骤的生产。

(2) 多步骤生产亦称复杂生产,是指生产工艺过程由若干个可以间断的、分散在不同地点、分别在不同时间进行的生产步骤所组成的生产。

按产品的加工方式来分,生产可分为连续式生产和装配式生产。连续式生产是指原材料投入生产后,要依次经过若干个生产步骤的连续加工,才能成为完工产品的生产。装配式生产是指先将原材料分别在各个加工车间平行加工为零件、部件,然后将零件、部件装配为产品的生产。

按生产组织特点来分,生产可以分为大量生产、成批生产和单件生产。

(1) 大量生产是指不断地重复生产相同产品的大生产。在进行这种生产的企业或车间中,产品的品种较少,而且比较稳定。

(2) 单件生产是指根据订货单位的要求,进行个别的、特殊产品的生产。在进行这种生产的企业或车间中,产品的品种很多,而且很少重复。

(3) 成批生产是指按照事先规定的产品批次和数量进行的生产。在进行这种生产的企业或车间中,产品的品种较多,而且具有一定的重复性。成批生产按照批量的大小,又可以分为大批生产和小批生产,前者性质近似于大量生产,后者性质近似于单件生产。

单步骤生产和连续加工式的多步骤生产的生产组织多为大量生产。装配式的多步骤生产的生产组织则有大量生产、成批生产和单件生产的区别。

不同的生产分类所采取的成本核算方法会有所不同,如表4-1所示。

表4-1 产品成本的计算方法及要求

产品成本计算方法	生产组织	生产工艺过程和管理的要求
品种法	大量大批单步骤生产	单步骤生产或管理上不要求分步骤计算成本的多步骤生产
分批法	小批单件生产	单步骤生产或管理上不要求分步骤计算成本的多步骤生产
分步法	大量大批多步骤生产	管理上要求分步骤计算成本的多步骤生产

品种法是较为简单的方法，是单步骤生产或者管理上不要求分步计算成本的多步骤生产方法。其实成本详细到哪个程度，取决于决策的需要。当然详细程度越高，准备成本资料的成本就越高，如果由此而产生的成本核算数据过细而又不产生价值，则简单处理就好，大致的准确远比精确为好，因为信息获取成本更低，所花的人财物本身更少，这样才会实现更高的成本效益比。

分批法对应的是小批单件生产，也对应单步骤或者虽然是多步骤，但是不需要计算多步骤过程的成本。批量生产又称为订单式生产，依订单而生产，也即是按需定产。

分步法则对应大量大批生产，利于更加细化地计算成本，当然成本计算也会相对复杂。不过因为成本计算较为详细，所以能够获得生产过程的成本构成信息，这些信息有助于计算内部转移价格，也便于半成品的定价。

第三节 本量利分析

本量利分析，是管理会计中一个最为基本而又基础的分析，这个分析的思路简单，但其分析可以直达本质。

一、分析基础

从这个分析所包含的三个基本要素来看，即是将成本、业务量（主要表现形式是产销量）与利润结合在一起进行分析。

产品或服务的价格在这个模型中是默认的，因为利润的获取必然是由收入减去成本之后的结果所得。这个模型其实并不复杂，不过将成本加以分类，是这个模型成立的关键。

将成本分为变动成本与固定成本，这在整个本量利分析中是最为基础的环节，我们将其称为成本性态分析。

成本分类及特点如表4-2所示。

表4-2 成本分类及特点

分类	特点
固定成本	特定业务量范围内固定成本总额不变，单位固定成本随业务量增加而降低
变动成本	特定产量范围内变动成本总额随产量增加而增加，单位变动成本不变
混合成本	成本总额随产量变动而变动，但不成正比例关系

区分固定成本与变动成本是关键，不过现实中严格区分固定成本与变动成本，往往比较复杂，因为有一些成本是混合成本，兼具固定成本与变动成本的双重性质。对于这一类成本，我们需要对其进行分解，将其最终拆分成变动成本与固定成本，这样后面的本量利分析才能进行。

当然，现实世界是复杂的，要将所有的成本都完全分为变动成本与固定成本是不可能的。而且还有一个业务量变化区间的问题，在一定业务量范围内，其成本不变，但不代表过了业务量范围，其成本还不变。所以本量利分析成立的前提还要基于一定的业务量范围。

固定成本分为两大类，即约束性固定成本与酌量性固定成本。它们的区别在于，前者在企业开始设立时就已经投入，而后者则是在经营过程中由公司高级管理层决定的。具体来说，约束性固定成本是指提供和维持生产经营所需设施而支出的成本。它有如下的特点：①以前决策的结果，现在已经很难改变，即不能通过当前的管理决策行动加以改变的固定成本；②约束性固定成本属于企业"经营能力"成本，是企业为了维持一定的业务量所必须负担的最低成本；③要想降低约束性固定成本，只能从合理利用经营能力，降低单位固定成本入手。其典型项目包括固定资产折旧、财产保险、管理人员工资、取暖费、照明费等。酌量性固定成本是指为完成特定活动而支出的固定成本，其发生额是根据企业的经营方针由经理人决定。其特点如下：①可以通过管理决策行动改变其数额的固定成本；②酌量性固定成本关系到企业的竞争能力，是一种提供"经营能力"的成本，其典型项目包括科研开发费、广告费、职工培训费等。

变动成本可以分成技术性变动成本与酌量性变动成本。前者是指与业务量有明确的技术或实物关系的变动成本；后者是指发生额由经理人决定的变动成本，典型项目包括按销售额一定百分比开支的佣金、新产品研制费、技术转让费以及按人的意愿投入的辅料。

混合成本则分成四种：①半变动成本，是指在初始基数的基础上随产量成正比例增长的成本；②阶梯式成本，是指成本总额随产量呈阶梯式增长的成本，也称为步增成本或半固定成本；③延期变动成本，是指在一定产量范围内总额保持稳定，超过特定产量则开始随产量按比例增长的成本;④非线性成本,是指变化率递增或递减的成本。

二、分析基本架构

下面我们来看一下本量利分析的基本架构:

营业利润 = 销售收入 − 销售成本

　　　　 = 销售收入 − 变动成本 − 固定成本

　　　　 = 单价×销售量 − 单位变动成本×销售量 − 固定成本

　　　　 = (单价 − 单位变动成本)×销售量 − 固定成本

注意:此处销售量是指业务量。分析框架可用字母表达,即

$$Q = (p - b)x - a$$

式中,Q 为营业利润,p 为单位售价,b 为单位变动成本,x 为销售量,a 为固定成本。

具体来说,我们还可以将这个分析框架加以变化,但要先了解贡献毛益这一概念。

贡献毛益是指产品销售收入减去变动成本的差额,也叫边际利润或边际贡献。企业利润来源于贡献毛益,但贡献毛益不等于利润。

单位贡献毛益(cm)是指每种产品的单位售价 p 减去该种产品的单位变动成本 b,即

$$cm = p - b$$

贡献毛益总额(Tcm)是指各种产品的销售收入总额减去各种产品的变动成本总额,即

$$Tcm = px - bx = (p - b)x = cm\,x$$

$$cm = Tcm \div x$$

注:x 为销售量。

贡献毛益补偿固定成本后是企业利润($Q = Tcm - a$),若 $Tcm - a > 0$,则盈利;若 $Tcm - a < 0$,则亏损;若 $Tcm - a = 0$,则保本。

三、保本点分析

本量利的基本分析包括保本点分析与保利点分析。

保本点是指能使企业达到保本状态时的业务量的总称。其表现形式为保本销售量和保本销售额。超过保本点的销售量所带来的贡献毛益即为利润。

保本点分析是研究企业恰好处于保本状态时的成本、业务量和利润三者之间关系的一种定量分析方法。

保本点的确定方法有三种：基本公式法、贡献毛益法和图示法。

1. 基本公式法

$$Q = px - bx - a$$

保本即 $Q = 0$，则

保本销售量 $x_0 = a/(p-b)$

保本销售额 $S_0 = px_0 = p[a/(p-b)]$

2. 贡献毛益法

$$Q = \text{cm} \cdot x - a = 0$$

$$x_0 = a/\text{cm}$$

$$S_0 = px_0 = p \cdot \frac{a}{\text{cm}}$$

3. 图示法

图示法是通过绘制保本图来确定保本点位置，从而求保本业务量的一种方法。

四、保利分析

保利分析就是将目标利润引进本量利分析的基本数学模型，

在单价和成本水平既定的情况下，在确保企业目标利润实现的正常条件下，充分揭示成本、业务量、利润三者之间关系的本量利分析。

保利点是指在单价和成本水平确定的情况下，为确保预先确定的目标利润能够实现而应达到的目标销售量或目标销售额。

单一品种保利点的确定公式为

$$Q = (p-b)x_{保} - a$$

设定目标利润为 TQ，则

$$TQ = (p-b)x_{保} - a$$

保利销售量 $= (a + TQ) \div (p-b) = (a + TQ) \div cm$

保利销售额 = 保利销售量 $\cdot p$

目标利润可以是税前，也可以是税后，我们在具体处理时，只需要将税后换算成税前即可。

五、经营杠杆与安全边际

本量利分析之中还有经营杠杆以及安全边际的分析。

经营杠杆是衡量企业经营收益变动同销售水平变动之间关系的一个指标，反映企业在当前销售水平基础上每增加或减少1%而导致企业经营收益增加或减少的百分比数。

经营杠杆反映的是经营风险，其背后其实是用长期固定性的投入金额大小来反映，投入金额越大，经营杠杆越大，经营风险就越高。不过这种经营风险会随着预测的销售量变化而变化，随着销售量的上升，经营杠杆系数会下降，经营风险也相应降低。其杠杆率可用利润变动率相对于产销变动率的倍数来表示，具体计算公式为基期贡献毛益总额除以基期利润。

安全边际量（额）是指实际或预计销售量（或销售额）超过保本点销售量（额）的差额。其计算公式为

$$\text{安全边际量(额)} = \text{实际或预计销售量(额)} - \text{保本点销售量(额)}$$

由于利润为超过保本点销售量所带来的贡献毛益，故有

$$\text{利润} = \text{安全边际量} \times \text{单位贡献毛益}$$
$$= \text{安全边际额} \times \text{贡献毛益率}$$

安全边际也可以用安全边际率来表示。安全边际率是安全边际量（额）占实际销售量（额）或预计销售量（额）的百分比。

安全边际量（额）和安全边际率数值越大，说明企业经营越安全。一般认为，安全边际率在30%～40%之间属于安全范围，大于40%就很安全。

第四节　成本决策

所谓成本决策，即是围绕成本所展开的决策，这是广义的成本决策。狭义的成本决策一般都跟生产相关，主要包括产品功能成本决策、品种决策、生产组织决策和存货决策等。

在进行成本决策之前，我们首先要理清一些主要的成本概念以及一些基本的方法。成本主要包括机会成本、差量成本、边际成本、沉没成本、付现成本、专属成本、联合成本、相关成本与无关成本。

决策角度的底层逻辑是机会成本，严格来说，经济学的成本都是机会成本，因此机会二字可以去掉。关于机会成本，我们从经济学视角分析成本时已经详细地分析过了，这里不再赘述。

差量成本，即是两个方案进行比较时得出来的成本差距，我们在进行两个方案的对比时，会更加清楚地分析方案，也更容易找到答案。

边际成本，边际是经济学发展史中一个非常重要的概念，其实边际的意思就是变化，也即我们需要探讨在某个变量发生变化时，其因变量会发生什么变化。边际一般与导数相联系。当然，如果从整数位的角度来看，我们可以这样来理解边际成本，即业务量变化一个单位，成本会如何变化。

沉没成本与付现成本，我们一般把这两个成本放在一起，因为二者往往有重合之处。沉没成本又叫历史成本，即其已经花了钱了，签的是不可撤销合约，变成覆水难收，因此沉没了。付现成本是指需要付出现金的成本，也即要花费真金白银。

专属成本和联合成本，这两个概念是相对的。专属成本，即对某一个决策方案来说是专门需要的，也是某方案的增量成本；联合成本则正好相对，其往往对几个方案都需要考虑。联合成本指工业企业中利用同一种原料及主要材料，在同一生产过程中同时生产出两种或两种以上主要产品的成本。如果我们想要算清某一产品的成本，就必须对联合成本进行分解。

相关成本与无关成本，这两个成本正好相反，所谓相关与无关，其实就是与决策是不是相关，与决策相关就是相关成本，与决策无关则是无关成本。

成本的分析方法有边际贡献分析法、差量分析法和成本无差别点分析法。这三种方法都是成本分析的基本方法。边际贡献分析法是运用边际贡献进行成本分析与决策的方法。这个方法将成本决策与本量利分析相结合。在分析决策时最关注的是贡献毛益，或者说边际贡献，对于与业务量无关的成本支出则不予考虑。

差量分析法是建立在差量成本的基础之上，采用这个方法分析两方案时，可以清楚地找到更优方案。

成本无差别点分析法，其实是找到方案之间基于业务量变化中无差别的成本点，找到这个点，也就找到答案。比如有两个方案在某个业务量的成本相等，那么高于这个业务量或者低于这个业务量采取的决策方案就会不一样。

接下来我们来探讨如何进行成本决策。

一、产品功能成本决策

在保证产品质量和功能的前提下，通过改进产品设计结构，可以大大降低产品成本。国内外有关资料显示，通过改进产品设计结构所降低的成本数额，占事前成本决策取得成本降低额的 70%～80%。

产品功能成本决策是将产品的功能（产品所担负的职能或所起的作用）与成本（为获得产品一定的功能必须支出的费用）对比，寻找降低产品途径的管理活动。其目的在于以最低的成本实现产品适当的、必要的功能，提高企业的经济效益。

产品功能与成本之间的关系表示如下：

$$价值（V）= 功能（F）\div 成本（C）$$

从上式可以看出，价值与功能成正比，功能越高，价值越大，反之则越小；价值与成本成反比，成本越高，价值越小，反之则越大。

根据上面这个公式，我们关注最为有利的情况，可以得到以下五种可以接受的功能成本比的方案：

（1）在产品成本不变的情况下，功能提高，将会提高产品的价值。

（2）在产品功能不变的情况下，成本降低，将会提高产品的价值。

（3）在产品功能提高的情况下，成本降低，将会提高产品的价值。

（4）在产品成本提高的情况下，功能提高的幅度大于成本提高的幅度,将会提高产品的价值。

(5) 在产品功能降低的情况下,成本降低的幅度大于功能降低的幅度,将会提高产品的价值。

这项决策的关键在于进行功能评价。功能评价的基本步骤顺序如下:

(1) 以功能评价系数为基准,将功能评价系数与按目前成本计算的成本系数相比,确定价值系数;

(2) 将目标成本按价值系数进行分配,并确定目标成本分配额与目前成本的差异值;

(3) 选择价值系数低、降低成本潜力大的产品作为重点分析对象。

功能评价的方法很多,这里介绍两种常用的方法:评分法和强制确定法。

第一种方法为评分法,即是按产品或零部件的功能重要程度打分,通过确定不同方案的价值系数来选择最优方案。让我们举例来说明其运用。

【例1】 为改进某型号手表有 3 个方案可供选择,现从走时、夜光、防水、防震、外观等五个方面采用 5 分制进行评分,结果见表 4-3。

表 4-3 方案功能评分表

单位:分

项目	走时	夜光	防水	防震	外观	总分
方案 1	3	4	5	4	5	21
方案 2	5	5	3	5	4	22
方案 3	5	4	4	3	4	20

上述几个方案中,方案3的总分最低,初选被淘汰。对于方案1和方案2应结合成本资料进行第二轮比较,有关成本资料见表4-4。

表4-4 方案成本明细表

单位:元

项目	预计销售量	直接材料及直接人工等	制造费用	制造成本
方案1	5 000	280	80 000	296
方案2	5 000	270	50 000	280

然后,进行价值分析。如果方案1的成本系数为100,则方案2的成本系数为

$$(280 \div 296) \times 100 = 94.59$$

方案1和方案2的价值系数分别为

$$V_1 = 21 \div 100 = 0.21$$
$$V_2 = 22 \div 94.59 = 0.23$$

通过对比可知,方案2不仅成本较低,而且功能成本比值(价值系数)高,因而应该选择方案2。

第二种方法为强制确定法,也称为一对一比较法或"0""1"评分法,就是先把组成产品的零件排列起来,一对一地对比,凡功能相对重要的零件得1分,功能相对不重要的零件得0分;然后,将各零件得分总计数除以全部零件得分总数,即可求得零件的功能评价系数。这里也举例来说明其应用。

【例2】 假设甲产品由A、B、C、D、E、F、G七个零件组成,按强制确定法计算零件功能评价系数(见表4-5)。

表4-5 零件功能评价系数

零件名称	一对一比较结果							得分合计	功能评价系数
	A	B	C	D	E	F	G		
A	×	1	1	0	1	1	1	5	0.238
B	0	×	0	1	1	0	0	2	0.095
C	0	1	×	0	0	1	1	3	0.143
D	1	0	1	×	1	1	0	4	0.191
E	0	0	1	0	×	1	1	3	0.143
F	0	1	0	0	0	×	1	2	0.095
G	0	1	0	1	0	0	×	2	0.095
合计								21	1.00

表4-5中，A、D两个零件的功能评价系数较大，说明其功能较为重要，而B、F、G三个零件的功能评价系数较小，说明其功能较不重要。

在确定零件功能评价系数后，应计算各零件的成本系数和价值系数。计算公式如下：

$$\text{某零件的成本系数} = \text{某零件的目前成本} \div \text{所有零件目前成本合计数}$$

$$\text{某零件的价值系数} = \text{某零件的功能评价系数} \div \text{该零件的成本系数}$$

以表4-6甲产品的七个零件为例，说明价值系数的计算。

表4-6 七个零件的价值系数

零件名称 \ 项目	功能评价系数	目前成本	成本系数	价值系数
A	0.238	300	0.250	0.952
B	0.095	500	0.417	0.228

续表

项目 零件名称	功能评价系数	目前成本	成本系数	价值系数
C	0.143	48	0.040	3.575
D	0.191	46	0.038	5.026
E	0.143	100	0.083	1.723
F	0.095	80	0.067	1.418
G	0.095	126	0.105	0.905
合计	1.00	1 200	1.00	—

价值系数等于功能评价系数与成本系数之比，如果价值系数等于1或接近1（如 A、G 零件），则说明零件的功能与成本基本相当，因而不是降低成本的主要目标；如果价值系数大于1（如 C、D、E、F 零件），则说明零件的功能过剩或成本偏低，在该零件功能得到满足的情况下，已无必要进一步降低成本或减少过剩功能；如果价值系数小于1（如 B 零件），则说明与功能相比成本偏高了，应作为降低成本的主要目标，进一步挖掘提高功能、降低成本的潜力。

那么 B 零件的成本应降低到什么程度，才能与功能相匹配呢？在产品目标成本已定的情况下，可将产品目标成本按功能评价系数分配给各零件，然后与各零件的目前成本比较，即可确定各零件成本降低的数额。

假定甲产品的目标成本为 1 000 元，则各零件目标成本及成本降低额见表 4-7。

表 4-7 成本降低对照表

项目 零件名称	功能评价系数	按功能评价系数分配的目标成本	目前成本	成本降低额
A	0.238	238	300	62
B	0.095	95	500	405
C	0.143	143	48	-95
D	0.191	191	46	-145
E	0.143	143	100	-43
F	0.095	95	80	-15
G	0.095	95	126	31
合计	1.00	1 000	1 200	200

从表 4-7 可以看出，目前成本要降低 200 元，才能达到按功能评价系数分配的目标成本。其中 A、B、G 零件目前成本与其评价系数分配的目标成本相比偏高，故应作为降低成本的对象，尤其是 B 零件更应作为重点降低成本的对象；至于 C、D、E、F 零件（特别是 D 零件），只有在功能过剩的情况下才考虑降低成本，否则应维持原状。

在功能评价的基础上，即可对过剩功能和不必要成本进行调整，从而提出新的、可供试验的方案；然后，按新方案进行试验生产，在征求各方面意见的同时，对新方案的不足予以改进；新方案经进一步调整，即可作为正式方案提交有关部门审批，批准后即可组织实施。

二、品种决策

品种决策旨在解决生产什么产品的问题，例如，生产何种新产品、亏损产品是否停产、零部件是自制还是外购、半成品（或联产品）是否需要进一步加工等。

对于亏损产品，绝不能简单地予以停产，而必须综合考虑企业各种产品的经营状况、生产能力的利用及有关因素的影响，也即对亏损产品的决策是一个复杂的多因素综合考虑过程，一般应注意以下几点：

（1）如果亏损产品能够提供边际贡献额，弥补一部分固定成本，除特殊情况外（如存在更加有利可图的机会），一般不应停产。但如果亏损产品不能提供边际贡献额，通常应考虑停产。

（2）亏损产品能够提供边际贡献额，并不意味该亏损产品一定要继续生产。如果存在更加有利可图的机会（如转产其他产品或将停止亏损产品生产而腾出的固定资产出租），使企业获得更多的边际贡献额，那么该亏损产品应停产。

（3）在生产、销售条件允许的情况下，大力发展能够提供边际贡献额的亏损产品，也会扭亏为盈，并使企业的利润大大增加。

（4）对不能提供边际贡献额的亏损产品，不能不加以区别地予以停产。首先，应在努力降低成本上做文章，以期转亏为盈；其次，应在市场允许的范围内通过适当提高售价来扭亏为盈；最后，应考虑企业的产品结构和社会效益的需要。

三、生产组织决策

生产组织决策主要表现在赶工决策上，下面先进行理论分析，然后以举例的方式来说明这一决策。

对于某些一次性的工程或生产（如设备维修、小批单件订货）而言，缩短工作时间，提前完成任务，不仅能够降低固定成本（如制造费用）和变动成本（如直接人工），而且可以获得额外收益（如提前完工的奖励）。

但是，提前完工往往需要追加一定的费用，因此，如何在增加收益和增加成本之间寻找能给企业带来最大利益的结合点，就成为一个必须解决的问题。

将一项工程或生产项目分解为前后连接的若干工作（或作业），并预计它们所需的正常时间、赶工时间、正常成本和赶工成本，以求在赶工安排中提高经济效益。赶工时间是指尽可能提前完成任务所需的全部时间；赶工成本是指尽可能提前完成任务所需的全部成本。

这个决策的基础是绘制网络图。绘制网络图要遵循以下要点：

（1）应根据工程或项目的内在工艺联系，合理安排先后顺序，例如哪些工作应先做，哪些工作应后做，哪些工作可以同时进行，务必使网络图真实反映整个工艺流程。

（2）网络图不能出现闭环路线，即箭线不能从某一点出发，又回到该点，不能从箭线中间引出另一条箭线。

（3）在运用成本计划评审法进行赶工安排时，需要就每一项可以赶工的工作，计算其成本斜率，即提前一个单位时间（小时、天、周、月等）完成工作所需要增加的成本。计算公式如下：

成本斜率 =（赶工成本 − 正常成本）÷（正常时间 − 赶工时间）

为了使赶工能够获得经济效益，安排赶工时应遵循以下几条原则：

（1）应在关键路线上寻找需要赶工的工作，因为在关键路线上提前完工才能使整个项目提前完工。

（2）如果同时存在几条关键路线，应在这几条关键路线上同时安排赶工，并且提前同样长的时间。因为如果不同时在几条关键路线上赶工且时间不同，则整个项目就不能提前完工，或提前的时间将由最短的赶工时间决定。

（3）安排赶工时，应先安排成本斜率低的工作，后安排成本斜率较高的工作。

（4）安排赶工的工作的成本斜率原则上应低于提前完成整个项目一天的得益额。在特殊情况（如赶工可以将人力、物力、财力转到其他更有利的工作）下，成本斜率等于提前完成整个项目一天的得益额。

我们来看一个具体例子。假定庆南公司接受客户的一项特殊订货，合同规定应在20天内交货，每提前一天可获得600元的奖励。经分析，该特殊订货的生产可以分解为六项工作，有关资料见表4-8。如果该公司希望该生产任务能够通过赶工安排来增加利润，应如何安排赶工？在正常生产每天获利1 000元的情况下，该生产任务是否应进一步安排赶工以增加公司总利润？

表4-8 工序所需时间、成本及成本斜率

工作	需用时间/天		成本/元		成本斜率/元
	正常	赶工	正常	赶工	
①→②	4	2	1 700	2 000	150
②→③	5	4	1 600	2 100	500
①→③	8	5	1 500	2 400	300
②→④	8	7	2 400	2 800	400
③→④	5	3	2 100	2 500	200
④→⑤	7	6	1 400	1 750	350
合计	—	—	10 700	—	—

图4-1至图4-6是赶工决策的多种答案。

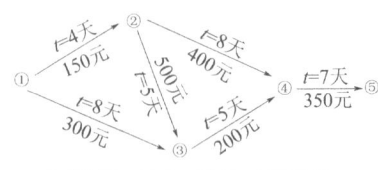

图4-1 赶工前的完成时间与成本　　图4-2 赶工1天成本变化图

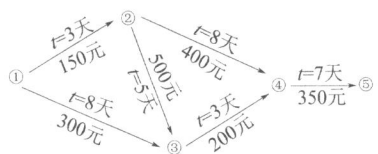
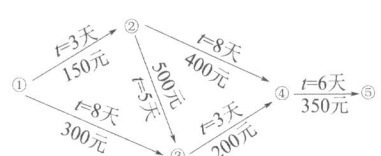

图4-3 赶工3天成本变化图　　图4-4 赶工4天成本变化图

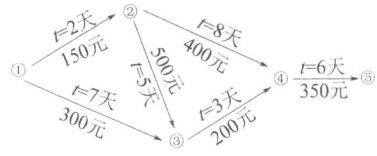
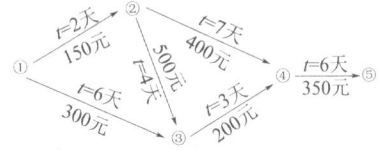

图4-5 赶工5天成本变化图　　图4-6 赶工6天成本变化图

通过以上6个图,我们可以看到,随着赶工时间的缩短,其成本不断增加。

四、存货决策

有关存货的决策,最主要的就是最优经济订货批量模型,这个模型因为需要较为苛刻的条件,所以其在实际中的运用其实并不广泛。不过其原理简单、易用,不失为一种简明的决策方法。当然,因为这种方法在一般的财务管理以及管理会计教材中都有详细论述,本书不再赘述。

第五节 作业成本法

作业成本法是一种新的成本计算方法,这种方法在思维上有其独特的地方。

一、历史

20世纪70年代初Staubus教授首次提出了作业和作业会计的概念,但是当时并未引起人们的足够重视。20世纪80年代以后,随着生产自动化程度的提高,人们认识到传统的成本核算方法已经越来越不能适应生产实际。Cooper和Kaplan等在分析传统成本会计的弊端后,提出了作业成本计算方法。这种方法可以将企业发生的各种费用通过成本动因更为精确地分摊到产品成本中,从而为企业决策者提供更为准确的产品成本信息。

作业成本计算是作业成本管理的基础。作业成本管理使用作业成本的信息,其目的不仅要使所销售的产品和服务合理化,更重要的是明确改变作业与过程以提高生产力。它将成本管理的重心深入到供应链作业层次,尽可能消除"非增值作业",改进"增值作业",优化"作业链"和"价值链",从成本优化的角度改造作业和重组作业流程;并且对供应链中的各项作业进行成本效益分析,确定关键作业点,对关键作业点进行重点控制。应该说作业成本管理的出现使人们眼前一亮,它突破了传统的人们对成本的种种认识,并为管理者拓展了企业降低成本的途径。

二、案例

我们先来看一个案例:

甲公司有 A、B、C 三种主打产品。B 产品是公司产量最高的产品，让 CEO 刘先生纳闷的是，竞争对手 B 类产品的价格似乎总比甲公司的低。

"不知为何，竞争对手似乎总是可以压低 B 产品的价格，让我们处于被动的局面"。

"应该说，我们的生产效率未必比竞争对手低，而且我们刚上了一套计算机控制的制造系统"。

此外，C 产品是公司获利的重要来源，"从市场情况看，我们已经多次提高了 C 产品的价格，但客户依然络绎不绝"。

"难道竞争对手对这个市场不感兴趣"？

整个市场形势让人感到迷惑不解：

B 产品产量大，价格却上不去；C 产品的价格已经很高了，但好像还有提价的空间。

公司新上任的 CFO 莫先生，通过数周的调查，解开了这个谜。

公司高估了产量高、工艺相对简单的 B 产品的成本，同时大大低估了 C 产品的成本。

也就是说，成本在 B、C 两种产品之间没有得到合理的分配。

工艺复杂、产量低的 C 产品，事实上没有承担其应分配的成本份额，而工艺简单、产量高的 B 产品则承担了过多的成本份额。

"我们在制定价格的过程中，依据了错误的成本信息"。

成本扭曲导致价格扭曲。公司将 B 产品的价格定得偏高，而 C 产品的价格偏低。

这样一来，竞争对手总是可以把与 B 类产品相竞争的产品价格压得很低；与此相反，由于公司 C 类产品的成本估计偏低，所以竞争对手没有太多的生存空间,而以低成本制定的偏低价格,则让 C 类产品在市场上异常火爆。

从这个案例,我们可以看出,成本计算方法上特别是成本分配方法上的错误会导致成本计算不准确,最终导致决策失误。

三、区别

传统成本计算一般以产品为成本计算对象或以某一步骤(分步法)或某一批订单(分批法)为成本计算对象,其目标主要是满足计算存货成本的需要,进而提供有关企业财务状况和经营成果的会计信息。

作业成本计算法要求成本信息不仅要反映企业财务状况和经营成果,还要满足成本控制和生产分析的要求。当作业成本计算法将资源、作业、作业中心、制造中心等概念引入成本控制时,就形成了一个完整的作业成本体系。

作业成本计算的成本对象是多层次的,大体上可以分为资源、作业、作业中心和制造中心等几个层次,如图 4-7 所示。

作业成本计算法把资源作为成本对象,是要在价值形成的最初形态上反映被最终产品吸纳的有意义的资源耗费价值,具体包括以下两个方面:

一是区分有用消耗和无用消耗,把无用消耗的资源价值予以单独汇集,而把有用消耗的资源价值分解到作业中去。

二是要区别消耗资源的作业状况,看资源是如何被消耗的,找到资源动因,按资源动因把资源耗费价值分解并分别计入吸纳这些资源的不同作业中去。

作业是指企业生产过程中的各工序和环节。从作业成本计算角度看,作业是基于一定的目的、以人为主体、消耗一定资源的特定范围内的工作,具有如下特点:

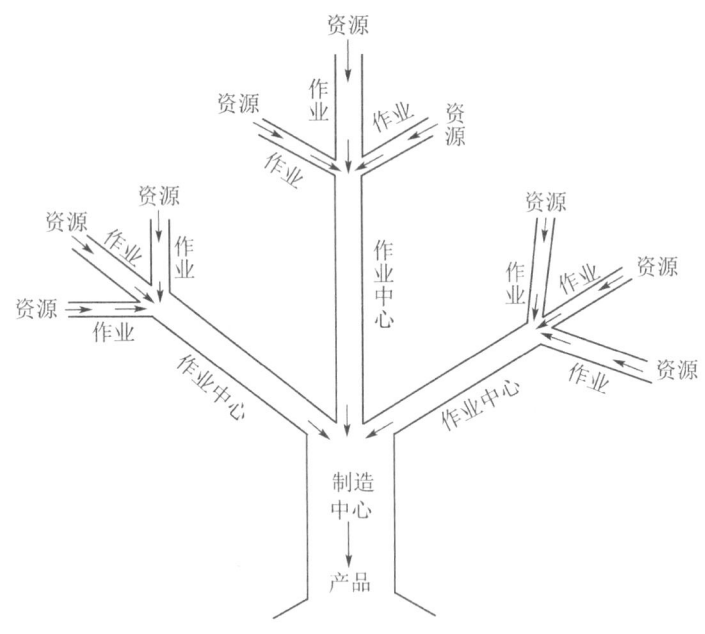

图4-7 作业成本对象图

(1) 作业是以人为主体的工作。

(2) 作业消耗一定的资源。作业以人为主体,要消耗一定的人力资源;作业是人力作用于物的工作,因而也要消耗一定的物质资源。

(3) 区分不同作业的标志是作业目的。

(4) 对于一个生产程序不尽合理的制造业,作业可以区分为增值作业和非增值作业。这里,非增值作业虽然也消耗资源,但并不是合理消耗。

(5) 作业的范围可以被限定。

常见的分类方法是将作业按作业水平的不同,分为单位水平作业、批水平作业、产品水平作业及设备水平作业四类。

①单位水平作业是生产单位产品时所从事的作业,例如直接

材料和直接人工成本等，这种作业的成本与产量成比例变动，如果产量增加一倍，则直接人工成本也会增加一倍。

②批水平作业是生产每批产品时所从事的作业，例如对每批产品的机器准备、订单处理、原料处理、检验及生产规划等。这种作业的成本与产品批数成比例变动，是该批产品所有单位产品的固定（或共同）成本。例如机器从生产某批产品，转向生产另一批产品时，就需要对机器进行准备。当生产批数越多时，机器准备成本就越高，但与产量多少无关。

③产品水平作业是支援各种产品的生产时所从事的作业，这种作业的目的是服务于各项产品的生产与销售。例如对一种产品编制材料清单、数控规划、处理工程变更、测试线路等。这种作业的成本与单位数和批数无关，但与生产产品的品种成比例变动。

④设备水平作业是维持工厂生产时所从事的作业，例如工厂管理、暖气、照明及厂房折旧等。这种作业的成本，为全部生产产品的共同成本。

作业中心是负责完成某一项特定产品制造功能的一系列作业的集合。作业中心既是成本汇集中心，也是责任考核中心。

一般来说，作业中心是基于管理的目的而不是专门以成本计算为目的而设置或划定的，传统制造企业的经营过程被习惯地分为材料采购、产品生产和产品销售这三个环节，而按照作业成本计算理论，这三个环节都可以称为作业中心。

制造中心作为成本计算对象，实质上是指计算制造中心产出的产品的成本。一般地，一个大型制造企业总可以划定为若干制造中心，划定制造中心的依据是各制造中心只生产某一种产品或某个系族多种产品。

四、步骤

在"决策相关性"这个理论基础上,作业成本计算法可以归纳为"作业消耗资源,产品消耗作业"。

因此,作业成本计算的基本程序就是要把资源耗费价值予以分解并分配给作业,再将各作业汇集的价值分配给最终产品或服务。

这一过程可以分为三个步骤。

(一) 确认作业中心,将资源耗费价值归集到各作业中心

这个步骤只是价值归集过程。在作业成本计算法下价值归集的方向受两方面的限制:一是资源种类,二是作业中心种类。在实务操作中,对某制造中心的每一作业中心都按资源类别设立资源库,把该制造中心所耗资源价值归集到各资源库中去。例如对圆珠笔生产制造中心,分别对制芯和制壳这两个作业中心设立材料费、动力费、折旧费、办公费等资源库。这样,可以从资源耗费的最初形态上把握各种资源归集到各作业中心的状况。

(二) 确认作业,将作业中心汇集的各资源耗费价值予以分解并分配到各作业成本库中

作业确认后,一般不轻易变动。这样,在对资源库资源耗费价值进行分配时,面临的是已确定的作业种类。我们为每一项作业设立一个成本库,该成本计算步骤就演化为如何将资源库价值结转到作业库这一具体分配问题。在成本分配过程中,各资源库价值要根据资源动因一项一项地分配到各作业中去。这样,我们可以为每个作业库按资源类别设立作业资源要素,将每个作业库各作业资源要素价值相加就形成了作业成本库价值。

(三）各作业成本库价值分配计入最终产品成本计算单，计算完工产品成本

应为制造中心投产的每一种（或批）产品设立成本计算单，在每一张成本计算单中还应按该产品生产所涉及作业种类开立作业成本项目。这样，该成本计算步骤就要把各作业成本库的价值结转到各产品成本计算单上，这个步骤反映的作业成本计算规则是：产出量的多少决定着作业的耗用量。

在把作业库成本计入各产品成本计算单以后，如何得出完工产品成本是一个简单的问题。如果把作业成本计算法应用于财务会计，则在期末有必要在完工产品与在产品之间分配成本，如果认为作业成本计算法只是一种管理会计手段，则用成本计算单追踪到产品全面完工即可。

五、总结

作业成本法在管理会计中占据着较为重要的地位。不过作业成本管理中的计算成本方法其实并不复杂，其依然是对成本的分摊而已。成本计算的整个过程，其实就是成本的归集与分摊的过程。这样看来，作业成本法并没有改变成本计算的方法。那为什么会产生作业这一基本概念，以及作业成本法这一计算方法，进而产生作业成本管理这一套新的管理制度呢？这都要从传统的成本分配与计算方法说起。

成本计算的最终目的是计算出生产某一单位产品背后所花费的所有成本（其实从经济学的机会成本角度考虑，应该是所有的直接成本，即变动成本。但是间接成本（即固定成本）如果不能弥补回来，最终企业是无法实现预期利润的，所以最终还是存在间接成本的分摊问题）。若企业只生产一个或者一种类型的

产品，显然只需要将所有的成本汇集在一起，然后除以总产量就得到单位产品成本。而成本计算变得复杂，都是因为产品种类变多，产品生产过程中发生的间接费用，暂时难以归集到某一种产品的费用变多所致。

传统的成本计算，将制造成本分为三部分：直接材料、直接人工与制造费用。前两者很好处理，一般在具体涉及的产品中是很容易区分开的，但对于制造费用，比较难直接界定给某一种产品，于是只好先将其归集起来，这类费用包括机器的折旧费用、车间管理人员的工资等，然后按一定的分配标准将其在不同的产品之间进行分配，最常用的分配标准是制造工时。显然，如果一种产品真正耗费的制造费用与其生产工时成正比例或者接近正比例，则制造费用的分配基本上是准确的。一旦制造费用的发生与制造工时并不存在严格意义的正相关关系，则这种分配制造费用的方法就显得粗糙了。

如何更为精细化地分配制造费用呢？作业概念的引入就显得有必要了。在制造工时作为分配标准显得不合理时，就需要寻找更为合理的成本驱动因素。如果规定是作业驱动成本，那么作业就是一个驱动成本发生的最小单元。在哪一个层级上，分配成本才是合理的，作业就应该深入到哪一层级。比如车间管理人员的工资，其工资水平往往与其职称级别挂钩，但若是其管理着几条生产线，那么其在每条生产线上所用的时间，就构成驱动其工资成本支出的因素，其对生产线应该会有不同的看管时间，此时间决定了其工资支出，也成为最小的作业层级。

生产过程也称为制造过程，在作业成本法之下，整个生产成本的计算过程，就是由作业汇集成作业中心，再由作业中心汇集成制造中心，然后由制造中心汇集成具体产品。在作业成本法下，资源驱动作业，而作业驱动成本。经典的波特兰电力查询公司的实例,就是最早的作业成本法的运用,这个例子正是通过改变作业分配单元,重新分配了间接费用,这样算出来的分配系数才更为合理与可靠。先合后分,分后再合,整个过程呈现为"合分合"。

作业成本法的精髓在于其精细化处理,从而带来更为准确的成本分摊,也能更好地为产品定价服务。不过,企业的产品定价过程,并不一定取决于企业成本的计算。比如,如果竞争激烈,企业产品定价往往要参考市场价,这是典型的受价①市场,此时产品价格的厘定就取决于市场,计算更为精细的产品成本就不能给产品定价带来什么帮助了。如果企业所进入的是垄断市场,也即产品的定价是由企业决定,是觅价②行为,此时,作业成本法所计算出来的更为合理的单位产品成本,就可以为定价提供重要的依据与参考,作业成本法的作用才得以体现,因为其度量的间接费用更加合理,用作业成本法计算出来的成本也就更加合理。

由此看来,作业成本法计算产品负担成本更加精细,而这种精细化也只有在觅价大背景下才更有意义。不过,计算出更为精细而准确的成本,考虑要不要采取外包策略也是一个不可忽略的方面,也即如果成本重新加以分配后,发现外包比自己生产更为便宜,显然将生产外包会更有利一些,而这个决策显然是以作业成本法下更为准确的成本计算为基础的。

---

① 受价,即接受价格;觅价,即寻觅价格;这是定价的两种方式,前者适用于完全竞争市场,后者适用于垄断市场。

② 觅价,即寻觅价格,即生产商可以自主定价,可以根据产销量的变化来调整价格。

第五章 从创新视角看成本

从创新视角看成本,其实从严格意义上来说,是不能脱离之前的视角。不过因为创新本身有其特别的含义,再加上互联网的出现,使得我们看成本的角度又有了新的变化,所以我们还是单设一章来进行探讨。

第一节 创 新

一、创新的定义

既然要从创新的视角来看成本,那么我们首先要搞清楚究竟什么是创新。

在汉字的语义中,"创"指的是从无到有的过程,创造出来的东西必须是原来没有的、新的东西。这是中华文化对创新的解释。而创新一般对应的英文是"innovation",其含义是指新思想、新方法或新装置(a new idea, method, or device)。而从更为广泛的角度来定义创新,也可以把创新定义为增添人类知识积累的活动。[1]

著名管理学者克莱顿·克里斯坦森著有创新三部曲,特别是

---

[1] 秦伟平,王晖. 创新学[M]. 北京:科学出版社,2021:53-57.

其《创新者的窘境》①非常有名。在书中克里斯坦森以递进的方式定义了创新:

"技术是指一个组织将劳动力、资本、原材料和技术,转化为价值更高的产品和服务的过程。所有的企业都拥有技术。

技术不仅仅在工程和制造业中存在,在市场营销、投资和管理流程都存在技术。

创新是指其中某项技术发生了变化。"

克里斯坦森先定义了技术,这个技术的定义显然与一般的技术理解不一样,因为克里斯坦森认为技术还包括营销、投资和管理,这样在这三个方面的改变,也可以称为创新,也即是营销创新、投资创新与管理创新。技术的一般定义在克里斯坦森看来是将企业的资源进行组合进而能产生价值更高的产品或服务,这就是创新带来的价值。克里斯坦森的这个创新定义显然也是较为宽泛的,不过这个定义是容易分析的,同时创新的边界也是较为清晰的。

企业家周鸿祎则在创新的基础上提出了颠覆性创新的概念,其主要的想法如下:

第一,所谓颠覆性创新在刚出来的时候基本上属于微创新。颠覆的出现,实际上经历了好几年,甚至是五年到十年或更长的时间。开始的时候都是从一个很不起眼的局部市场先切入。

第二,颠覆性创新从来不是在一夜之间发生的。创新所带来的改进有时候是技术上的改变,但更多时候是在用户使用或者体验上的一些微小的改变。通过这些不断的微小创新,逐步从市场

---

① 克莱顿·克里斯坦森. 创新者的窘境 [M]. 北京:中信出版社,2010:23-25.

中拿到市场份额,最后就把原来的市场给颠覆了。所谓颠覆性创新,实际上是一个马后炮的总结。

最为典型的例子是 iPod,苹果公司推出这个音乐播放器,表面上看起来跟之前的音乐播放器并没有太大的差异,但因为其实现了软硬件的结合,同时在使用上做到最大限度的便利性,真正从实质上改进了用户的体验,进而使得这款音乐播放器所向披靡,彻底颠覆了两个市场:音乐播放器市场与音乐版权市场。

二、破坏性创新

破坏性创新的概念是由著名的经济学大师熊彼特在 1912 年提出的。他把创新视为不断地从内部革新经济结构,即不断破坏旧的、不断创造新的结构。他还认为创新就是企业家对生产要素的新组合,即建立一种新的生产函数,其目的是获取潜在的利润。

中欧商学院李善友教授不赞同周鸿祎的提法,认为用颠覆性创新这个词过于激进,还是用破坏性创新较为温和。①

破坏性创新是大公司的黑洞,是一家大公司可能要面临的"创新者的窘境"。在持续性技术竞争环境中,领先企业无人能敌。但在破坏性创新竞争环境中,领先企业总是落败。小公司要与大公司竞争,就一定要开拓新兴市场,开发新产品,采用新技术。从形象角度来看,大公司的持续性技术可以看成是"相扑战略",而小公司的破坏性创新则是"柔道战略"。所谓"柔道战略"就是找对方最为薄弱的环节,以小博大。破坏性创新虽然最初只应用于远离主流市场的小型市场,但是它逐渐进入主流

---

① 李善友. 颠覆式创新 [M]. 北京:机械工业出版社,2015:36 - 41.

市场，而且其性能足以与主流市场的成熟产品一争高下。

破坏性创新有如下两个特征：

（1）一方面降低原有的性能指标，不求改善、提高原有的主流性能特征，另一方面进入新的性能改善曲线。

（2）新的性能改善通常使操作更方便、更简单，价格更便宜，体积更小。

破坏性创新一般发生在价值网失效的边界上。一般来说，大公司很难革自己的命，因为革掉自己的主营赚钱业务，会遭到本企业内部利益集团的强烈反对，所以破坏性创新变成了大公司的黑洞。

破坏性创新的秘密是"技术加速进步"，值得注意的是加速进步，一般速度的进步是不足以构成破坏的，当然突破性技术并不等于破坏性创新，因为凡是跟技术有关的创新，无论是渐变的，还是突变的，都是持续性技术创新，这是大公司的主场。小公司要实现颠覆，必须采取加速策略。破坏性创新虽然出现的次数少，但其影响是致命的，大公司输就输在破坏性创新上，小公司赢的唯一机会也在破坏性创新上。

我们来看一个典型案例，这个案例是关于硬盘市场的发展历程。

对于磁盘驱动器，最重要的性能指标是硬盘的存储容量。大型计算机需要的14英寸硬盘，是由一家名为"数据控制公司"的公司提供的。这时忽然出现一个新的技术——8英寸硬盘技术。8英寸硬盘容量远远低于14英寸硬盘，而这个技术居然最早是生产14英寸硬盘的公司开发的。不过销售员拿着这项技术去问他们的客户IBM公司是否需要8英寸硬盘时，结果IBM说不需要。于是他们就放弃了这个技术。后来一家小公司出来创业，开发了这个技术，这个小硬盘正好可以卖给生产小型计算机的公司，因为小型计算机公司更看重硬盘的体积，体积和容量小一点没关系。8英寸硬盘刚出来的时候，满足不了大型计算机的容量要求，但其技术不断提高与进步，在8英寸硬盘能够满足大型计算机容量的需求时，IBM当然会购买8英寸硬盘，因为它价格更便宜，体积更小，使用上更方便。最终，14英寸硬盘制造商全部被淘汰出硬盘驱动器行业。之前的大公司为什么会被小公司打败？有各种各样的解释，通常认为是大公司的管理出了问题，但克里斯坦森说都不是，原因是大公司的**破坏性创新**不足。他把这个称为"创新者的窘境"。

破坏性创新的底层逻辑是什么？是技术吗？破坏性创新一定体现在技术上，应该是技术进步，但光有进步还不行，应该是技术的加速进步，只有加速进步才会产生颠覆性的效果。当技术刚出来时，通常进步不是很快，但达到一个拐点之后，它就会呈现指数级的进步。线性增长是平和的，而指数增长则是爆炸性的。

持续性技术也是基于技术的进步，它追求更高、更快、更强，最终持续性技术进步带来的性能一定会超过市场所需要的性能，也即最终技术进步的边际效应也会递减，也就是说，一旦某项特定性能超过了消费者所要求的性能水平，它就不再是卖点，消费者用来选择产品的标准也将转移到需求尚未得到满足的其他属性上。这时，从持续性技术的角度看，我们会发现两个必然的逻辑趋势：一是技术一定越来越高级，产品一定越来越复杂；二是客户必然越来越高端，定位必然越来越高大上。大公司就会陷入高端之中无法自拔，最终困于技术的牢笼。

但是，低端用户人群还是蕴含着巨大的机会，这被称为"长尾市场"，此时如果有一个破坏性创新的产品，它操作起来更简单、更方便，且价格更便宜，效果更可控，那将会开启一个巨大的低端市场。这个低端市场因为早期市场容量小，毛利率低,所以大公司看不上,这样就丧失了小机会所引发的大机会,这叫大公司回不去的低端,破坏性创新就成了大公司的逻辑盲区。这是小公司战胜大公司的不二法则。

破坏性创新有两种市场策略,一种叫低端市场颠覆性策略;另一种叫新市场颠覆性策略。

三、微创新

与破坏性创新相对的是微创新。微创新对于企业也很重要,特别在互联网这个口碑时代。

从行业来看,现在已经进入了用户体验为王、消费者驱动的时代。以前用户购买商品更多是一种被动选择,没有主动权,可是随着互联网及社区的出现,用户的体验变得越来越重要。我们发现,用户和公司里做产品开发的人看问题的角度是完全不一样的。从产品开发的人来看,是想要用怎样的技术去教导用户,用户感觉我的产品怎样。但用户看产品往往是这样想的:这个东西如何用才更方便简单,可以为自己解决问题、创造价值。

互联网时代很多创新不是从企业自身的角度出发,而是从改善用户的体验出发,有时候甚至是企业做了一些很不起眼的创新,但这个微小的变化给用户带来了一种新的感觉,一种冲击。一旦打动用户,这个"微"创新实际上一点都不微,可能成为占领市场的巨大力量。

第二节 工商管理的窘境

时代是最大的价值网。迄今为止,我们经历了三个时代:农业时代、工商业时代和互联网时代。如今我们身处于互联网时代。当然，对于中国来说，我们经历了两化，即工业化与信息化，如今还在两化的进程中，工业化已经基本完成，而信息化还没有完成。

企业对企业的颠覆，其实不算什么；更大的颠覆是时代对时代的颠覆。工商业时代对农业时代的颠覆已经完成，而互联网时代对工商业时代的颠覆还在进行中。

文明有三要素：其一，生存结构，不同时代会有不同的生存结构；其二，思维方式，由于特定的生存结构，人们会养成特定的思维方式；其三，遮蔽效应，一旦形成特定的思维方式，它会对人产生遮蔽效应，人们很难从自己既定的思维方式中走出来。而从既定思维方式中走出来的人才，才可以称为真正的创新型人才。

从逻辑上来说，一旦内部逻辑自洽就会获得一个合理性，而恰恰事物本身的合理性，使我们不能突破这个事物本身的窘境，这就是合理性的遮蔽盲区。

工商管理的窘境有很多内容，但是主要有两条：一是科学管理，二是利润最大化。

利润最大化存在两大盲区：主流客户遮蔽盲区和收入增长遮蔽盲区。就算我们把每件事情都做对了，仍有可能错失城池。面对新技术和新市场，完美无瑕的管理恰好是导致失败的原因。客户可能是最大的遮蔽盲区，客户完全满意可能就是个大陷阱。你受制于你的客户，你的客户没有进入未来，你也就没有进入未来。

有两个规律性的现象：第一，你属于什么价值网，这根本不由你自己决定，而是由你的主要客户决定；第二，在惯常的商业规则之下，你很难从原来的价值网中跳出来。

从某种程度上来说，路径依赖就是窘境。窘境的意思就是就算你明白这个道理，你也无法突破，这就是哲学意义上的窘境。

利润最大化的逻辑有三个方面：其一，以收入为目标；其二，以销售为主力；其三，以客户为中心。

但是这个逻辑有着极大的问题，如果一个企业的总经理只懂销售，或者其总经理是由销售员提拔上来的，他们管理企业必然还是以销售为中心，以收入为导向。乔布斯明显不这么想，他虽然也想着客户，但是他认为客户并不懂得需求，需求是可以被企业创造出来的。如果你问一个汽车还未出现的时代的人需要什么样的交通工具，他的回答一定是更快的马。以销售为中心的公司往往不能将产品做好。

那么，大公司如何逃离窘境呢？大公司必然会衰败，当然这个衰败适合于所有企业，就像人终有一天会死一样。热力学第二定律叫熵增定律，熵是指不断被损耗而不能继续做功的能量。封闭系统的熵值永远都在增加。如果宇宙是封闭的，宇宙的熵和混乱度会逐渐增大，最终达到最大值，而宇宙将会走向热寂，所有的生命都将走向消亡。组织也是一样的，如果一个组织成为一个封闭系统，也会出现这种熵增的情况，最终的结果便是衰败。要突破熵增定律，开放就是必然之途。

哲学家王东岳说过："任何一个组织，随着时间的推移，一定会变得涣散化、官僚化、失效化，并最终走向消亡。"

如何让组织摆脱这种困境呢？有两个解决之道：一是打补丁，二是换操作系统。打补丁就是用独立的小型机构应对新兴的小型市场。换操作系统就是从以销售为中心转为以产品为中心，是在底层逻辑上进行转变。

打补丁有四种方法：

其一是自我革命，也叫作全面转型（当然大部分企业最终转型是失败的，转型成功者寥寥），苹果公司是典型。很多曾经辉煌的企业已经倒下，或者在倒下的路上。因为人的观念与意识很难转变，此时需要有壮士断腕的勇气。有人说得更为决绝："强制拆迁，异地再造"。

其二是成立独立机构。企业通过成立两个彼此独立的机构（从属于不同的价值网）来吸引不同的目标客户，而且要设立成本结构和市场规模相适应的小型机构，来应对看起来很小的破坏性创新。马化腾同意张小龙在广州成立完全独立的微信部门，要不然微信大概率是难以成功的。IBM 小型机的成功也是如此，IBM 在远离纽约总部的佛罗里达州成立了一家独立机构来生产台式机，这是一个完全独立的部门。

其三是内部赛马。内部分拆也可以成功，但其成功还是要取决于 CEO 的决心。如果 CEO 不能亲自进入到破坏性创新之中，则成功的可能性几乎为零，当然光有 CEO 参与其中也还是不够的。而内部赛马不一样，内部赛马可以让内部相互竞争。Oppo 与 Vivo 就是这样的两家公司，从其根源来看，这两家公司最早都是由步步高分拆而成的，不过它们之间除了段永平，利益上是完全分隔开的，两家公司都是在 2011 年进入智能手机市场，成为竞争对手。另一个典型例子就是微信，深圳市腾讯计算机系统有限公司（以下简称"腾讯"）做微信完全是内部竞争的结果，因为微信的竞争对手是手机 QQ。微信最终没有出现在腾讯无线，是因为腾讯无线的主要收入来源是运营商，而微信是要革运营商的命的。微信诞生于广州，是在张小龙领导下开发的，其完全从手机端来开发产品，最后我们看到了微信的巨大成功。而当时马化腾力排众议，没有因为有了手机 QQ 就不允许张小龙开发微信，最终微信胜出，腾讯也顺利拿到了移动互联网最大的一张入场券。

其四是收购投资。百度收购爱奇艺、去哪儿，谷歌收购安卓，Facebook 收购 WhatsApp，这些都可以看成是成功的收购。不过大多数的收购都是失败的。收购可以分为两类：一是收购资源,这种收购是比较容易成功的;二是收购流程和价值观,此时整合就比较重要了。而如果流程与价值观难以融合,也可以保持独立性。内部价值链,适合收购;外部生态链,建议投资。放弃控制,投资未来,用你的存量换取未来的增量。

换操作系统则是全面的革新,这意味着底层逻辑的完全改变,此时就真正需要壮士断腕的勇气,往往带来革命性的后果。不过一旦换操作系统没有成功,而旧的操作系统又失效了,则企业会陷入困境之中。当然成功了就焕然一新了。

第三节 互联网思维

诺基亚生产的手机曾经是功能机时代的霸主,但是随着智能手机的崛起,诺基亚似乎在一夜之间就崩塌了。诺基亚被打败是因为其在新的价值网中还继续打补丁,小修小补终究无法适应新的变革。打补丁只是知识的更新,而换操作系统是见识的转变,也即思维的转变,只有思维的转变,才是应对新挑战的方法。

其实在模拟信号时代,也即1G时代,摩托罗拉在1G模拟手机里占了80%的市场份额,在当时已经出现数字信号业务时,其并没有大力去发展,而是致力于从技术角度提高1G技术通话的清晰度,甚至还推出了庞大的铱星计划,但还是失败了,最终摩托罗拉的王者地位被诺基亚所取代。在2G时代,也即数字信号功能手机时代,诺基亚的市场份额最高时超过50%;而且1996年诺基亚就发布了全球第一部智能手机,且在2007年,诺基亚的智能手机出货量还占了全世界的50%。但是诺基亚手机所依托的操作系统是塞班,这个操作系统是依托于电信网,并不是基于互联网,而且这个系统居然还保留键盘,把手机看成是一部纯粹的小电脑;互联网不同于电信网,这是两套完全不同的价值网。用颠覆式创新理论来说,这是诺基亚所在的电信价值网输给了苹果所在的互联价值网。当 CEO 身处某个价值网中,他所作的决策实际上是受所在价值网驱使的,是价值网在推动他往前走。一个真正具有创新意识的 CEO,有时要具有火星思维,也即跳出地球站在火星上看地球,要善于跳出原有的价值网来看待新事物、新技术。

价值网有三大基本特征:一是特定的产品性能属性;二是特定的成本结构;三是特定的组织能力。

从产品性能属性来看,诺基亚对智能手机的理解,是一个更加高级的功能手机,或者说是一个附加了上网功能的手机。而苹果对智能手机的理解是手机不是一个带娱乐功能的通信设备,而是带有通话功能的移动娱乐设备。技术进步的步伐,一定会超过市场需要的步伐,而一旦性能过度供给,产品性能将发生演变。早期,人们只希望手机能无线通话,且通话质量过关就行了;随着通话功能已经变成了基本标配,人们对手机的看法就会发生改变,一部手机不仅仅变成了人手的延伸,而且是电脑的延伸,一部手机既可以打电话,也可以娱乐,还可以实现各种各样联网电脑可以实现的操作与功能。用一句话总结就是:诺基亚对产品的理解是工业时代的功能为王,而苹果对产品的理解是互联网时代的情感为王、体验为王。

特定的成本结构也称为盈利模式。诺基亚的盈利模式是硬件盈利;苹果的盈利模式是软硬件结合,也叫软硬件一体化;安卓的盈利模式完全是软件盈利。在诺基亚的成本结构中,规模或市场份额是关键要素,这也决定了企业的战略重心,所以诺基亚一定要做大。2012 年苹果公司的 iPhone 手机以 8.8% 的市场份额赚了行业 73% 的利润,其基于 iOS 系统推行抽成模式,显然苹果公司的盈利能力超强。2013年苹果公司的软件和服务营收达到了160亿美元。自此之后，苹果公司的盈利更是高歌猛进，变成了世界上最赚钱的公司，也是世界上市值首次超过3万亿美元的公司，其公司规模与市值令人难以置信。而谷歌的安卓系统则通过免费开源的方式快速占领市场，吸引了百万数量级的开发者参与生态系统建设，谷歌可以通过在安卓市场的应用收入分成，或通过广告等多种模式获得收入，每台安卓手机早期给谷歌带来10美元的收入，现在带来的收入更大。在诺基亚眼中，塞班是成本中心；而对于苹果和谷歌来说，iOS和安卓则是利润中心。苹果的基于产品的思维、基于软硬件结合的思维、基于移动互联的思维、基于简洁易用的思维、基于超越用户体验的思维，才是真正的创新企业家思维。

特定的组织能力是指随着企业在某个特定的价值网内逐渐积累了经验，它们可能会形成符合该价值网独特要求的组织能力、组织结构和组织文化。诺基亚是用通信思维在做手机，而苹果是用计算机思维在做手机，现在的智能手机其实就是一部移动的电脑。这两个是完全不同的价值网。从核心流程来看，诺基亚的核心流程是工厂制造→渠道销售，核心能力是制造；苹果核心流程是产品设计→制造外包→品牌营销，核心能力是产品。两者的核心能力是完全不一样的。不管是苹果手机还是安卓手机，都是以用户体验取代忠实的功能设计为核心。注意，功能并不是用户体验。智能手机更为重要的是娱乐体验。

管理学者克里斯坦森曾在1997年出版的《创新者的窘境》一书中提到一个现象，即创新者往往被自己掌握的知识给遮蔽，最终是"不识庐山真面目"，不过，其原因是"只缘身在此山中"，也即其陷入此山中，走不出去了。一个人，一个企业，过去的成功经验往往会被自己复制，人也容易陷入路径依赖中，最终陷入经验主义之中难以自拔，进而陷入窘境中。前面我们举例说明这种窘境似乎是无处不在的，很多曾经非常具有创新力的企业家最终也陷入这种窘境中。但是这个并不是一般化的理论，并不是对所有企业都适用的理论。

企业由人组成，企业家是企业的灵魂所在，如果一个企业家难以跳出自己的思维局限，受制于自己的经验，就可能陷入创新的窘境中，特别是要革掉自己原来产品的命时，比如原来的产品现在盈利还很好，却宣布要推出一款新的产品取代自己依然热销的旧产品，也就是要断了自己过去的"现金奶牛"，没有几人能做到，但是乔布斯做到了。

乔布斯是如何做到的呢？我觉得这与乔布斯的人生经历相关。乔布斯是天生的企业家，他对市场的洞察力是无与伦比的。他的朋友沃兹尼亚克，是他的联合创始人，则比较死抠技术革新。但是乔布斯永远都把用户放在第一位，执着于改进用户体验，时时刻刻想着如何更加方便用户。他曾经迷信工商业的文明，以为毕业于 MBA 的管理专家对公司是有利的，但最终的结果很糟糕，他甚至被自己请来的管理专家赶出了自己创办的公司。他一直在等待新的机会，1997 年终于重返苹果公司，那时苹果公司的现金流只够撑 90 天，而且已经连续两年亏损，每年亏损大概 10 亿美金。

乔布斯返回苹果公司之后，做了四件事。

第一件事是解散董事会，倒不是因为他记恨他们，而是因为这个老迈的传统型董事会完全不适合苹果了，是他们把苹果带入深渊，他们理应对此负责。

第二件事是寻找一流人才，乔布斯发现，在软件行业，一流人才的能量是二流人才的 100 倍，而一流人才会自动吸引一流人才加入。

第三件事是花巨资拍了一段"Think Different"的广告片，这个广告片在美国超级赛事的比赛间隙播放。乔布斯在干什么？他其实是在重新打造苹果的价值观，那就是与众不同，另类思考，不受限于过去的经验，不受限于传统的窠臼。

第四件事是进行了产品聚焦，将在研的 100 款产品砍到只剩下 4 款。结果，第一代的 iMac 挽救了苹果公司，帮助苹果公司扭亏为盈；2001 年只做一款的 iPod 上线了，上线之后爆卖，成为苹果公司的"现金奶牛"；但是等乔布斯意识到智能手机时代来临之后，他勇敢地在 2007 年，在 iPod 还如日中天时，推出了 iPhone，而 iPhone 显然会极大地打击 iPod 的销售，但乔布斯依然选择自我革命，而不是等着别人来革自己的命。他曾说："如果别人手机里面能放音乐，我的 iPod 一定会被取代。"好的产品自己会说话，所以乔布斯几乎把所有的精力与时间都花在产品上。从产品的研发到设计，包括广告，都是乔布斯最为看重的，乔布斯不重视直接赚钱的销售部门，但是苹果手机的盈利却是所有手机厂商中最为丰厚的部分。

类似地，腾讯的马化腾也是如此，虽然他早就意识到智能手机一定会出一款通用社交软件的应用，而其 QQ 正是这样的社交软件，但他还是在内部进行着"赛马"，最终张小龙领导的团队研发了微信，而微信从某种程度上来说，是 QQ 的替代者。从某种程度上来说，马化腾也是在革自己的命。

不要跟时代对抗，这是一句正确的废话。关键是要搞清楚现在是什么时代。现在是什么时代？互联网时代，更为准确地说是移动互联网时代，移动互联网时代的底层逻辑与硬件基础是手机，所以卖手机的公司，现在都是站在移动互联网时代风口的公司，但是就手机硬件而言，这都是赚工业时代的钱，也即是硬件制造的钱。而更厉害的是软件、硬件一起做的公司，最为典型的就是苹果公司，苹果公司包揽了苹果粉丝使用手机要完成的所有事情，所以这样看，苹果公司实在是不能仅仅看成是一家生产手机的公司，它提供的是依托于手机的整套服务，这个服务包括了通信、娱乐、购物和出行等，通过 App 的方式，几乎人们所有的需求都可以在手机上解决。华为、OV、小米这些公司也是生产手机并依托于手机来赚钱的公司，特别是华为，如今也形成了软硬件一体的手机服务，虽然饱受美国的打压，但是其仍顽强地继续留在手机体系里耕耘。

互联网为什么会称为互联网时代？是因为万人互联、万物互联之后，这个社会的面貌发生了根本性的变化。如果以文明观之，我们经历了农业文明、工业文明，如今进入了互联网文明。农业文明以中国古近代为杰出代表；工业文明则以西方，特别是美英为代表；在互联网文明方面，中国的移动互联网已经走在了世界的前列。如果说传统经济的本质是低买高卖，而在互联网时代，强调的则是用户极致体验、免费、自组织、社群管理，通过互联网这个工具，信息的传播可以更快、更广。品牌可以通过口碑来传播。当然这些算不上是互联网的本质特征。自组织的社群如果一直是通过免费的模式，也很难持久，自发的兴趣如果没有持续不断的进步作为激励，恐怕也难以长久。关于免费，我们将在后面章节详细讨论，这里我们继续着眼于分析成本。

在互联网时代，往往会让人感觉成本付出不重要了，但是小米公司成长的故事表明，这种看法是不对的。小米公司的雷军曾经提出负毛利的理论，但显然负毛利的公司最终还是要通过间接手段来赚钱，几番操作之后，也不再提及负毛利，开始提合理净利。这样合理净利就不稀奇了，只是赚多赚少而已。但经济学历来都是讲有收尽收，毕竟前期投入不少，成本总要弥补，无法弥补的成本最终只能沉没，那就真的成了泼出去的水，无法回收。

不过，在互联网时代，因为信息费用急剧降低，我们在进行成本测算时，就可以将大规模大批量情境下的成本重新加以测算，这一点可以作为商品定价的重要依据，这一点小米公司最早采用，为其在早期打开手机市场发挥了重要的作用。具体来说，小米公司提出了 BOM 定价模式，所谓 BOM 即是 bill of material，即物料清单。手机的物料清单成本其实就是制造一台手机的材料成本，而这些材料成本在所需要的量不同时，其价不同，一般来说，量大从优是成立的，这样在大规模情境下的 BOM 成本，就可以降低，量越大，价越低，所以如果我们能提前得知产量，就可以以此量来预先采料安排生产，其制造成本就可以在最初生产时就确定在较低的水平上。小米手机的定价初期定得如此便宜，正是其可以通过社群传播，通过其粉丝购买来预先确定购买量，这个量往往极大。不过，显然手机并不是仅仅堆物料，小米在发展早期也遭受了产量无法提升的苦恼，定价过低又带来"黄牛"问题，以致整个生产与销售差点出大问题。

此外，在互联网时代，我们将之前"羊毛出在羊身上"这句话进行了变化，变成了"羊毛出在羊身上，狗来买单"，这一点在互联网时代常见，不过这种模式其实在一般的社会竞争中也偶有出现，比如，我们在一般的卫视上看电视剧，不用掏钱付费，因为广告商替我们掏钱了，广告商在热门的电视剧中投放广告，我们只要在看电视剧时看一段广告，就可以免费看剧了，这其实就是间接付费了，这个例子中广告商即是买单人。在互联网社会，这种现象变得更加普遍了。但是，值得一提的是，这种付费方式因为不直接，所以经常会导致交易费用增加。所以，采取这种收费模式一定要考虑这种收费模式可以节省什么费用。

回到刚才投放电视剧广告的例子，其实一部剧最后会不会热播往往很难预测，如果是直接付费，恐怕电视台很难收取，点播的方式可以，但是如果能通过广告商间接付广告费的方式来收回版权费，则广告费本身就成为量度电视剧热播程度的手段，电视剧热播才会有更多的广告商投放广告，电视剧越热播，其广告价值就会大大提升，二者形成正向循环，广告商、电视台以及看剧人其实形成了三赢格局。看剧人只要多付一点时间，多看几眼广告；电视台虽然要花钱买电视剧版权，但有广告商帮着出钱，电视台如果判断电视剧大卖，就可以多付一些版权费，因为他们向广告商索要的广告费也会更多一些；广告商付钱让人看广告，提升企业知名度，或者提升产品知名度，最终有助于企业价值增加，或者是产品卖得更好。

在互联网时代，因为人人都是自媒体，人人都可以是广告平台，这时候平台的粉丝数量就成为重要的资产，粉丝数量越多，其广告效应越大，其传播力越强，一个平台的广告价值足以养活平台上的主播、写手以及作家。互联网放大了平台效应，一个拥有数亿用户的平台，其价值就不仅仅取决于平台的盈利能力，其价值主要取决于用户，特别是优质用户的数量，而数量增加之后，又会形成互联网的网络效应，其价值会进一步提升。因为用户数量往往会呈现指数级增长，或者称为"病毒式传播"，所以平台的价值就会随着用户数量暴增而显著增长，而其背后的公司价值也会爆发式增加，这正是这些互联网平台公司市值可以在短短几年就变成巨无霸的主因。互联网平台公司的成长性也主要体现于此。

第四节　商业模式

商业模式，又称为商务模式，之所以有这样两个不同的叫法，是因为这是由英文单词"business model"翻译过来的。商业模式是你能提供什么样的产品，给什么样的用户创造什么样的价值，在创造用户价值的过程中，用什么样的方法获得商业价值。所以，商业模式不仅仅是盈利模式，它至少包含了四方面内容：产品模式、用户模式、推广（营销）模式，最后才是盈利模式，即怎么去赚钱。

任何一个商业模式都是一个由客户价值、企业资源和能力、盈利公式构成的三维立体模式。由哈佛大学教授约翰逊（Mark Johnson）、克里斯坦森（Clayton Christensen）和 SAP 公司的 CEO 孔翰宁（Henning Kagermann）共同撰写的《商业模式创新白皮书》把这三个要素概括为客户价值主张、资源和生产过程、盈利公式。

（1）客户价值主张，指在一个既定价格上企业向其客户或消费者提供服务或产品时的价值。

（2）资源和生产过程，指支持客户价值主张和盈利模式的具体经营模式。

（3）盈利公式，盈利公式体现企业为股东实现经济价值的过程。

而一些从事商业模式研究和咨询的公司认为，成功的商业模式具有三个特征：

第一，成功的商业模式要能提供独特价值。有时候这个独特价值可能是新的思想；而更多的时候，它往往是产品和服务独特性的组合。这种组合要么可以向客户提供额外的价值，要么使客户能用更低的价格获得同样的利益或用同样的价格获得更多的利益。

第二，商业模式是难以模仿的。企业通过确立自己的与众不同，如对客户的悉心照顾、无与伦比的实施能力等，来提高行业的进入门槛，从而保证利润来源不受侵犯。比如，直销模式

（仅凭"直销"一点，还不能称其为一个商业模式），人人都知道其如何运作，也都知道戴尔公司是直销的标杆，但很难复制戴尔的模式，原因在于直销的背后，是一整套完整的、极难复制的资源和生产流程。

第三，成功的商业模式是脚踏实地的。企业要做到量入为出、收支平衡。这个看似不言而喻的道理，要想年复一年、日复一日地做到，并不容易。现实当中很多企业，不管是传统企业还是新型企业，对自己的钱从何处赚来，为什么客户看中自己企业的产品和服务，乃至有多少客户实际上不能为企业带来利润反而在侵蚀企业的收入等关键问题，都不甚了解。

那么，商业模式具体来说有哪些呢？

第一种是店铺模式。一般来说，服务业的商业模式要比制造业和零售业的商业模式更复杂。最古老也是最基本的商业模式就是店铺模式，具体来说，就是在具有潜在消费者群体的地方开设店铺并展示其产品或服务。一个商业模式，是对一个组织如何行使其功能的描述，是对其主要活动提纲挈领的概括。它定义了公司的客户、产品和服务，提供了有关公司如何组织以及创收和盈利的信息。商业模式与公司战略一起，主导了公司的主要决策。商业模式还描述了公司的产品、服务、客户市场以及业务流程。大多数的商业模式都要依赖于技术。互联网上的创业者发明了许多全新的商业模式，这些商业模式完全依赖于现有的和新兴的技术。利用技术，企业可以以最小的代价，接触到更多的消费者。

第二种是饵与钩模式。随着时代的进步，商业模式也变得越来越精巧。饵与钩模式也称为剃刀与刀片模式，或是搭售模式——出现在20世纪初。在这种模式里，基本产品的出售价格极低，通常处于亏损状态；而与之相关的消耗品或是服务的价格则十分昂贵。比如，剃须刀（饵）和刀片（钩）、手机（饵）

和通话时间（钩）、打印机（饵）和墨盒（钩）、相机（饵）和照片（钩），等等。这个模式还有一个很有趣的变形：软件开发者们免费发放文本阅读器，但对其文本编辑器的定价却高达几百美金。

第三种是硬件 + 软件模式。苹果以其独到的 iPod + iTunes 商业模式创新，将硬件制造和软件开发相结合，以软件使用增加用户对硬件使用的黏性，并以独到的 iOS 系统在手机端承载这些软件，此时消费者在硬件升级时不得不考虑软件使用习惯的问题。

第四种是其他模式。在 20 世纪 50 年代，新的商业模式是由麦当劳（McDonald's）和丰田汽车（Toyota）创造的，他们共同之处是对供应链系统的精益性控制；60 年代的商业模式是由沃尔玛（Wal-Mart）和混合式超市（Hypermarkets，指超市和仓储式销售合二为一的超级商场）创造的；70 年代的商业模式是由 FedEx 快递和 Toys R US 玩具商店创造的；80 年代的商业模式是由 Blockbuster、Home Depot、Intel 和 Dell 创造的；90 年代的商业模式则是由 Southwest Airlines（美国西南航空公司）、Netflix、eBay、Amazon 创造的。这些成功的公司，抓住了时代的机遇，成为商业模式创新的典型代表。

任何一种模式只要能完成从产品到营销，从营销到盈利的过程，就意味着跑通了商业模式。

随着科学技术的不断发展，商业模式也有了多样化趋势，互联网的免费模式就是其中的典型代表。

每一次商业模式的革新都能给企业带来一定时间内的竞争优势。但随着时间的改变，企业必须不断地重新思考它的商业设计。随着消费者的价值取向从一个工业转移到另一个工业，企业必须不断改变它们的商业模式，以适应新变化。一个企业的成功与否最终取决于它的商业设计是否符合消费者的优先需求。

本质上，商业模式是一个持续被商业环境检验的理论。商业模式要确立，一定要考虑企业所面临的竞争环境，对于跨国公司来说，本土化是起码的要求，跨国公司在别的国家创办子公司或分公司，不能直接照搬总部企业的做法，而是要考虑当地文化、习俗与习惯的不同，这样的商业模式才是有效的。能不能赚钱是最基本的考虑，如果只是短期之内无法赚钱，还可以考虑烧钱续命，但如果在未来也不能赚钱，则企业的持续经营将难以为继。

一个好的商业模式远远不局限于企业家寻找资金的过程，它所捕捉到的远远超过了企业如何赚钱的范畴。商业模式反映的是系统化的思考过程，这对管理者来说是最为关键的。

一个好的商业模式都在讲述着一个好的商业故事。商业模式绝不是晦涩难懂的，商业模式也要依靠人物、动机和情节等基本因素来吸引人。一些商业模式往往始于挫折坎坷的经历。比如美国运通公司的"现金奶牛"——旅行支票业务的发明，源于当时的美国运通总裁 JC·法戈（Fargo）去欧洲度假，发现自己很难将自身携带的信用证转化为现金。法戈想，我都会碰到这样的问题，那么对于普通人来说，这更是一个大难题，如何解决呢？于是旅行支票就发明出来了，出国旅行的人，只需要支付一笔小额的费用，就可以在运通开通旅行支票，然后就可以拿着支票在旅行目的地换成钱。这个业务对于美国运通来说，几乎是无风险业务，因为客户总是预先用现金购买可以随时随地选择使用的支票，这给运通公司带来一笔"浮存款"，运通公司因为客户先付钱，因而可以提前从客户手中获得一笔无息贷款，所有出国旅行的人都会使用它的旅行支票服务，这样运通公司的"浮存款"就会有极其庞大的规模，运通公司利用它来赚钱是很容易的一件事。这种旅行支票采取这种新的模式可以更方便、成本更低地解决问题，且这项业务一般具有领头羊效应，即行业中最好的公司一般会占据最多的业务量，毕竟客户将钱存到公司手里，换回一张支票，首要的是要解决信任的问题，谁能尽快尽早在客户心目中确立品牌以及信任位置，谁就有可能获取客户的信任，进而获取最大的市场份额，且这样的先发优势形成之后，后来者是很难进来的。这里不光是品牌的问题，还有最初优势积累的问题。

从以上的分析得知，商业模式与成本之间的关系，主要表现在好的商业模式本身一定可以满足用户的某种需求，可以用更低成本来创造价值，比如上述那项旅行支票业务可以以更低的成本来解决旅客在旅行中碰到的资金难题；当然也可以以较高的成本来提供更高价值的产品或服务。

从盈利模式的角度来看，盈利模式与成本关系是明确的，创造价值可以带来更高的收益，而成本的节省显然也会带来企业盈利的提升，这是提升盈利的两个方面，除此之外，没有其他。成本节省得越多，企业的盈利空间越大。

产品模式与成本看起来似乎是没有关系的，但是产品本身还存在着功能与成本之间的比较问题，在产品功能构成当中，如果某项产品的功能作为主导，那么其在质量上的要求就会更高，相应的成本投入就会更大，所以此时不是成本的节省问题，反而是需要投入更多的成本以保持更高质量的问题。当然，反过来，如果某一项功能不是公司产品的主导，只是满足用户的基本需求，那么只要有就可以了，这样在成本的投入上就可以稍微节省一下，即使质量一般，也无所谓，因为这个功能用户可能会用得少。因此，从产品模式来说，关键在于我们在设计产品时需要考虑其功能的组合，以及功能之间的排序问题。关于这一点，我们已经在上一章"从会计学视角看成本"进行了详细讨论，这里就不再赘述。

第五节 免 费

一、免费的含义

创新视角下,特别是许多的互联网公司,往往在经营时打免费牌,这一点在中国企业界尤其明显。

免费有真假之别。真免费,是指享受某个产品或服务,的确不用付钱。比如超市经常会推出一些免费试吃的活动,这是真免费,商家的目的是利用这个免费试吃的活动扩大口碑,具有广告价值。假免费,一般指间接付费,比如我们在卫视看免费的电视剧,看起来也没有付费,但是其实电视剧中或者结尾处往往有广告,要看免费的电视剧必须看广告,这广告占用你的时间,所以这个可以看成是假免费,是通过间接的付出来付费,支付的不一定是金钱,但是需要付出其他,比如时间。

免费看起来是不可思议的,因为经济学大师弗里德曼有云"天下没有免费的午餐"(There is no such thing as a free lunch in the world)。弗里德曼想表达的只是一个理念:天上不会掉馅饼,能轻易获得的,要小心是不是陷阱。天下没有免费的午餐,是想告诉我们不要期待不劳而获,也不要期待这世上有真免费的事情。

二、免费是一种商业模式吗

在互联网时代,免费往往是随处可见的,甚至不仅是免费,还有倒贴。免费是一种商业模式吗?

我们上一节探讨了商业模式,认为商业模式包括了产品模式、用户模式、推广（营销）模式与盈利模式。从这个角度来看，免费只与盈利有关，不过，既然都已经免费了，何来盈利呢？免费天然与盈利是相对立的。按理说，盈利是一个企业组织的追求，不盈利企业就失去了立基之本。这样看，免费是无法成为一个商业模式的。

真免费只不过是企业采取免费的手段吸引流量而已。在互联网世界中，流量即收入，有流量，如果利用得当，迟早可以转化为收入。而且在互联网世界中，即使初期只能通过免费来吸引流量，只要能给用户创造价值，企业就拥有远大的前程。当然，免费之后，寻找盈利模式是必由之路，企业总不能一直靠"输血"而活着。

互联网作为一个大平台，因为其流量足够大，且服务一个用户和服务千万甚至数亿个用户，其边际成本上升极慢，这样建立平台之后，用户数的增加基本上不会增加多少运营成本，顶多是增加一些服务器而已。因而其单个用户的服务成本随着用户数的爆发性增加而急剧降低，使其成本几乎接近于零，这是互联网时代出现大量免费现象的重要理论基础。因为单位增加的边际成本极低，虽然不是低至零，但是接近于零，这样，免费就有了经济逻辑的基础。如果收费需要付出高昂的交易费用，还不如直接免费算了。

不过，公司提供的产品或服务免费之后，还是存在着成本如何弥补的问题，毕竟，企业要持续经营下去，不能最终盈利是不可想象的，也是难以为继的。一家企业不可能一直依靠风投资金来烧钱经营，一直免费提供产品与服务的企业，最终还是要找到盈利之道。

我们来看一些具体例子，然后总结这背后的规律。

做流量生意的，比如腾讯、脸书（Facebook）公司，他们的主要盈利来源之一就是广告，因为他们与用户的日常生活连接在一起，本身就具有了极大的曝光度，会占用用户大量的时间，也会带来巨大的广告价值。

有一些互联网公司的盈利是通过增值服务，即对少部分用户的个性化服务收费，这方面的例子不少，比较典型的还是腾讯，腾讯的QQ是免费注册免费使用的，但是如果你要用到其增值服务，就是要收费的，比如想要给自己的头像加个衣服，就需要付费，钱也不多，但是因为QQ有近10亿个用户，假如愿意交钱的用户占10%，每一位交1元钱，也就有1亿元的收入。

有一种比较典型的通过增值服务盈利的例子是游戏，特别是那种多人在线的角色扮演游戏。玩家内心深处第一需要是获得其他人的尊重，要获得荣耀。不过，游戏的用户一定会有免费用户与付费用户，免费用户是这款游戏的普通用户，付费用户是核心用户，免费用户是陪玩的，付费用户是用钱来买荣耀的。这里要让付费用户付费，就需要提供增值服务，比如买个装备，可以用直通车。游戏赚钱主要是靠付费用户付钱，但是免费用户也是重要的，一般的游戏环节是可以做到不用付费的，特别是互动游戏，但免费用户必须有一定基础才可以玩得起来。所以，此时免费是基础，但增值服务始终是企业盈利的保证。

亚马逊，它是一家典型的互联网公司，是在美国成长起来的新零售之王。当时亚马逊的创始人贝佐斯给公司取名时，一时拿不定主意，虽然他明确地知道公司的愿景，是成为互联网上的零售之王，后来想到何不取世界最大水量的河流作为公司名字呢，于是就取了Amazon（亚马逊）这个名字。

亚马逊的出现，可以说改变了我们原有的估值体系，用户数的重要性虽然在网络公司出现时已经开始有人重视，但是，真正在估值上给予极大加分的是亚马逊。因为亚马逊在上市之后的十多年时间内，其财务报告都是以亏损的面目出现的。但是这家公司在2001年经历了互联网泡沫之后，市值几乎一直在增长。显然此时，用传统的PE估值（市盈率）体系进行估值是无法操作的。也有大学教授专门拿这家公司的财务报告加以分析，然后让学生们对这家公司进行评价，学生们都认为这家公司是经营极差的公司，经营将难以为继，最终会破产。那么亚马逊的亏钱逻辑是什么？其实亚马逊的亏损是其自己主动选择的，从经济学的直接成本来考虑，亚马逊开通的网上商城，最初只卖书籍，后来将线下的书店基本上挤垮了，同时在圈进大量的买书用户之后，开始将其网上可以售卖的品类逐渐拓展。因为网上商城是可以无限扩展的，所以，增加一个用户需要增加的服务器数量所产生的成本几乎可以忽略不计。换句话说，我们应该将这些需要增加的服务器的成本看成是上头成本（overhead cost），只要亚马逊入局了，就不能将这个扩展的路线停下来，因为一旦停下来，就是当当（北京当当科文电子商务有限公司）的结局，当当早期学亚马逊，学得不错，也做成了中国最大的在线书店，但是其后面没有借助资本的力量，没有把赚来的毛利投入到继续扩展品类的路上，后来虽然意识到这个问题，但是阿里巴巴（阿里巴巴网络技术有限公司）起来之后，就没有当当的机会了。

反观亚马逊，虽然一路亏损，但贝佐斯头脑清醒，具有长远的战略眼光，他知道公司增加服务器以及改善服务不能因为不赚钱而停下来，事实上，其将由营业收入带来的毛利全部投入到未来中，这样产生了巨大的研发投入与固定资产投入，虽然亚马逊单一产品产生的毛利很小，但因为其平台不断扩大，这个毛利总额在不断扩大，企业就有越来越多的毛利投注于未来，为了支撑其全球的购物平台，亚马逊不断地改进技术，不断地提升服务器性能，也就积累起了未来云计算市场的初步技术基础。同理，中国的阿里巴巴、京东、拼多多也是一样的发展逻辑。

作为买卖平台的亚马逊、阿里巴巴、京东以及拼多多,每卖出一件商品,都可以赚取毛利,那么这些公司的规模越大,用户越多,其平台的价值就会不断增加,使用用户数量的增长来对这些公司进行估值就有基本的理论根基。如果每个用户不断地在平台上重复消费,那么平台就可以从这个用户身上赚取毛利,重复购买率以及用户数量,就成为这些公司估值评价的最为关键的指标。当然我们会简单地将其转化为一个用户的价值是多少,用户的价值取决于其在平台上持续购物的频次以及未来会继续在平台上购物的金额,理论上可以将平台在这个用户上赚取的未来总毛利进行折现,然后进行平均化,这就是这个用户可以给平台公司带来的价值,当然这只能是很小的毛利。此外,考虑到眼球经济,一个可以占用用户更多时间的平台,其价值也会更大,因为这个时间起码会有广告价值,这还不包括其他的价值转化,所以一般的海量用户平台都具有起码的广告价值。此外,网上商城的竞价,其实就是排序排在前面的网上商城租金的体现。

贝佐斯曾经提到自己公司的经营逻辑是"飞轮效应",所谓飞轮效应就是要不断地将赚来的毛利投入到未来能产生竞争力的基础设施之中,而贝佐斯这些年来就是一直这样实践的,其也正是通过这样的"飞轮"建立了公司又宽又深的护城河。亚马逊通过将毛利投入于未来具有竞争力的研发以及基础设施,不断地给用户创造更大的价值,不断地增加用户,虽然早期财务报告年年亏损,最终还是实现了持续的盈利。

还有一个例子的主角是腾讯。腾讯的创办以及发展壮大是一部传奇史。腾讯是较早意识到网络社交具有巨大价值的公司,当时,互联网正在兴起,各大互联网公司纷纷推出自己的聊天软件,但这个东西在发展初期是无法找到盈利模式的。当时作为腾讯大股东的李泽楷就是因为看不到腾讯盈利的希望,而将其股权转让给了南非的一家风投公司,他还以为自己大赚了,事实上,当时其手上的股权也的确比当初其买入时涨了5倍,收益率很高,但相比于南非这家公司,这简直可以说是李泽楷一生最大的错误了。因为后来腾讯上市之后,南非这家风投公司在腾讯的投资赚了几万倍。腾讯的确碰到了生存危机,幸亏当时中国移动梦网项目的盈利给公司带来较为充足的收益,使得腾讯可以继续花钱去购买大量的服务器,以应付QQ用户的指数级增长。在其用户达到相当大数量级之后,腾讯已经完全成了社交的代名词,利用这个大平台,腾讯一方面找到为会员提供增值服务这个盈利模式;另一方面,利用其巨大的社交黏性成为最大的游戏分发渠道来赚取佣金。一直到现在腾讯都是主要通过游戏分发赚取巨大利润。渡过生死危机的腾讯,充分利用其社交平台的优势,创造了独特的成长曲线。

360公司的崛起是一个传奇。360公司的创始人周鸿祎早年也在互联网大厂干过,之后辞职自己创业。创业之初,一直没有找到自己的定位,创办的前几家公司大都无疾而终,直到创办360杀毒公司,改变了局面。早期公司的业务很难做起来,一直被金山毒霸打压着。不过周鸿祎一直在改进自己的杀毒软件,同时寻找融资。后来终于找到一个不错的投资人,因为其资金雄厚,周鸿祎决定给所有的用户提供免费杀毒服务,他最终说服了这位投资人,通过免费杀毒这一招,360成功地将金山毒霸"斩于马下",其市场占有率最高时达到了60%以上,而正是通过免费,其积累了几亿用户。周鸿祎也深知免费不是长久之计,最终其通过延长价值链的方式找到了盈利模式。一是通过这些用户抢占了一部分搜索的市场份额,二是通过让用户安装360浏览器,形成了比较稳定的广告收益。

拼多多的崛起也是一个传奇。黄铮带着风投的资本进入已经成为"红海"的互联网购物平台，当时阿里巴巴以及京东已经成为市场的前两名，即使成了行业的第三名，生存的机会也很小。拼多多找到了农村这片还处于"蓝海"的市场，主要供应便宜而质量相对差一些的产品，以微信方式，通过熟人拼团指挥供应链、指挥厂家进行生产，这种方式可以降低整个供应链的成本。具体来说，主要表现在以下几个方面：一是通过微信的熟人圈子拼小团成中团成大团，进而可以在短期之内建立一笔规模较大的订单，然后进行订单模式的以销定产；二是因为拼团购买，发货地在同一地方，在量大的情况下，可以节省快递费用，在拼多多下单购买便宜东西，比如 10 元以下的，都是免运费的，免运费的背后其实是运费可以在集中发货情况下做到单件极为便宜，当然免运费这一设置还可以节省用户下单的决策成本；三是通过给广大的农村人（主要是农民）提供订单式服务，抢占的是之前阿里巴巴与京东忽略的"蓝海"，对于这些可能是初次上网的用户，拼多多提供最初的上网购物服务，通过低价来吸引这些用户，这个平台的早期种子用户就这样建立起来了；四是取消了购物车，同时推行先用后付以及"仅退款"这些操作，极大地方便了用户，特别是最后一项合约条款的实施，极大地解决了用户对商家的信任问题，也倒逼商家做好产品与服务，否则"仅退款"就足以使企业陷入困境，这项"仅退款"的简单操作直击核心，把阿里巴巴和京东都杀下马来。

拼多多平台商品的低价的确是因为其平台的运营成本更低而实现的，所以这种低价是可持续的，也是可以不断以产生毛利的方式来加快平台基础设施的发展，同时也可以实现用户数量的高速增长。正因为这样，造就了拼多多的崛起。因为拼多多的整体合约安排更为简单，整个平台的运营费用也更低，特别是从单位人员创收来看，拼多多相比阿里巴巴与京东都低很多，更少的运营人员，更低的同质商品单价，形成了更加良性的循环，拼多多已经自下而上开始侵蚀阿里巴巴及京东的购物基本盘，再加上拼多多一直在推行补贴卖正品茅台及苹果手机的活动，逐渐树立其正品定位与形象，外加其在国外推出海外版的拼多多 TEMU 业务也高歌猛进，拼多多的市值在超越京东之后，已经超越阿里巴巴，要知道这是拼多多在营收还没有超过阿里的情况下，可见投资者对其未来极其看好，拼多多俨然已经成为中国第一电商平台。

第六章 研究结论与展望

我们认为，成本这一概念，无论从经济学、管理学、财务学和会计学等众多学科视角，还是从创新视角来看，都有着极其重要的意义，因此，本书从五个视角来分析成本问题。

第一，从经济学视角看，我们在回顾经济思想史的基础上，重点选取经济学大师科斯的成本理论对成本进行分析。科斯对成本的贡献，主要是拓展了成本的范围，将成本拓宽至交易费用，拓展至社会成本，科斯也因此成为交易费用经济学的创始人。另外，我们也从新制度经济学的视角来分析成本，我们把成本概念当作经济解释的一个重要范畴，并把租值消散也纳入交易费用的范围内，进而建立起统一的分析框架。此外，新制度经济学通过对合约这一缺环的补齐，成功将交易费用、产权纳入到合约的分析框架中，进而对制度变迁、合约安排这些传统经济学中难以分析的对象进行了深入而细致的分析。

第二，从管理学视角看，我们首先研究了管理学与经济学之间的关系，同时对管理的本质进行深入分析，在此基础上，对管理学视角的成本进行了细化研究，从管理学视角看成本，要将成本与战略、公司的价值链紧密结合起来。

第三，从财务学视角看，我们首先分析了利息这一基本概念，并将其与财富、资本、收入的关系进行了剖析，最终围绕资本成本这一概念展开分析，进而形成了财务学分析成本的基本理论框架。

第四，从会计学视角看，我们以成本会计与管理会计的基本理论为基础，重点探讨本量利分析与作业成本法这两部分与成本紧密相关的问题，通过结合具体的例子，我们重新从会计学视角梳理对成本的看法，形成对成本研究的拼图之一。

第五，从创新视角看，我们首先界定了创新的基本定义，并将其与互联网情境相结合，通过对商业模式的分析，重点探讨了免费这种与多数平台型创新企业相关的现象，免费与成本弥补显然是矛盾的，如何解决这个问题我们对此进行了深入分析。

本书的主要结论包括：

（1）从经济学视角研究成本。从严格意义上说，只有从经济学视角看成本，才是从决策角度关注成本，才是机会成本。不过这个机会成本的理念也只有到了近代，特别是我们将成本扩展为交易费用之后才有完整而全面的解释。

（2）从管理学视角研究成本。管理学受到了经济学的深远影响，不过其已经独立成为一门显学，从管理学视角看成本虽然受到了经济学的影响，但也有其独到之处。成本管理一词的创立本身就说明从管理学视角看成本的重要性。管理者，特别是卓越的管理者需要具备一些必要的素质；而其中一个重要的基本素质，就是不断寻找降低成本之道。在战略管理中，还有一个基本的战略，即是成本领先战略，也可以称为低成本战略，就是说成本与战略有着天然的联系。

（3）从财务学视角看成本。财务学是从经济学分离出来的学科，也可以称为财务管理，财务管理聚焦于有关钱的事务管理上。从财务学视角看成本，就是建立了资本成本这一基本概念，通过运用模型，特别是一些财务的经典模型，我们发现资本成本具有特殊的意义,其在企业投资与融资方面也成为核心问题。

(4)从会计学视角看成本。从"管理会计"与"成本会计"两门课程去分析成本问题,具体来说是要掌握成本的计算方法,从历史成本的角度对已经发生的成本进行记录,记录得详细,才有可能为相应的成本管理与决策奠定基础,本书在成本计算的基础上重点研究了产品功能决策、品种决策与生产组织决策。本量利分析在区别成本性态的基础上,将成本与业务量及利润结合在一起形成了简单的成本分析模型。作业成本法则更为精确地对成本进行分解与分摊,以利于更为准确地计算成本,进而在觅价环境下能更准确地进行定价决策。

(5)从创新视角看成本。创新的定义多种多样,但基本上都认为创新是一种改变,最大的创新是商业模式上的创新,而商业模式的构成内容包括产品模式、用户模式、推广(营销)模式、盈利模式。其中盈利模式又是商业模式的核心。我们发现,对于创新型企业,特别是互联网平台型企业成功的关键,在于其发展初期需要花钱获取用户,即需要实施免费策略,用户数量达到一定程度后,要寻找盈利模式,最终实现持续盈利。至于成本的覆盖,初期站在拓展用户角度来看不重要,重要的是如何快速获取用户,通过免费的"病毒"裂变方式获取用户是最好的方法。这是从创新视角看成本的最大收获。

本书的理论创新与学术价值体现在以下几个方面:

本书的研究在于整合多学科对成本的分析,梳理其成本概念,并用案例加以实证,进而彻底地对成本概念形成体系化的理解。通过整合成本概念,将有助于我们系统地理解成本,多学科的视角本身就丰富了我们对成本的认识,这也会极大地拓宽人们特别是企业管理者对成本的理解,因此,本书具有较高的实用价值。

理论创新方面,主要通过案例的分析与解读,获得相关成本分析的基础理论,同时通过多学科交叉研究,构建有关成本的多层次理论体系与架构。从学术价值的角度来看,本书的研究对成本形成立体化的认识,促发人们对成本的深度与广度的思考。

本书只从五个视角对成本进行了探讨,虽然已经对成本进行了较为广泛与深入的分析,但还有其他学科(如心理学、政治学、法学等)其实也都关注成本问题。从其他学科角度探讨成本问题可以作为未来进一步研究成本的主题与方向。

参考文献

[1] COASE R H. The Nature of the Firm [J]. Economica, 1937, 4: 186 -405.

[2] COASE R H. The Federal Communications Commission [J]. Journal of Law and Economics, 1959, 2: 1-40.

[3] COASE R H. The Problem of Social Cost [J]. Journal of Law and Economics, 1960, 3: 1-44.

[4] FAMA E F, FRENCH K R. The cross-section of expected stock returns [J]. Journal of Finance, 1992, 2: 427-465.

[5] 张五常. 经济解释 [M]. 北京: 中信出版社, 2015.

[6] 李俊慧. 经济学讲义 [M]. 北京: 中信出版社, 2016.

[7] 彼得·德鲁克. 管理的实践 [M]. 齐若兰, 译. 北京: 机械工业出版社, 2009.

[8] 弗兰克·奈特. 风险、不确定性与利润 [M]. 北京: 商务印书馆, 2022.

[9] 罗斯 S A, 威斯特菲尔德 R W, 乔丹 B D. 公司理财 (精要版) [M]. 12版. 崔方南, 谭跃, 周卉, 译. 北京: 机械工业出版社, 2020.

[10] 沃伦·巴菲特. 巴菲特致股东的信: 股份公司教程 [M]. 陈鑫, 译. 北京: 机械工业出版社, 2007.

[11] 克莱顿·克里斯坦森. 创新者的窘境 [M]. 北京: 中信出版社, 2010.

[12] 李善友. 颠覆式创新 [M]. 北京: 机械工业出版社, 2015.

[13] 陈传明, 周小虎. 管理学原理 [M]. 2版. 北京: 机械工业出版社, 2012.